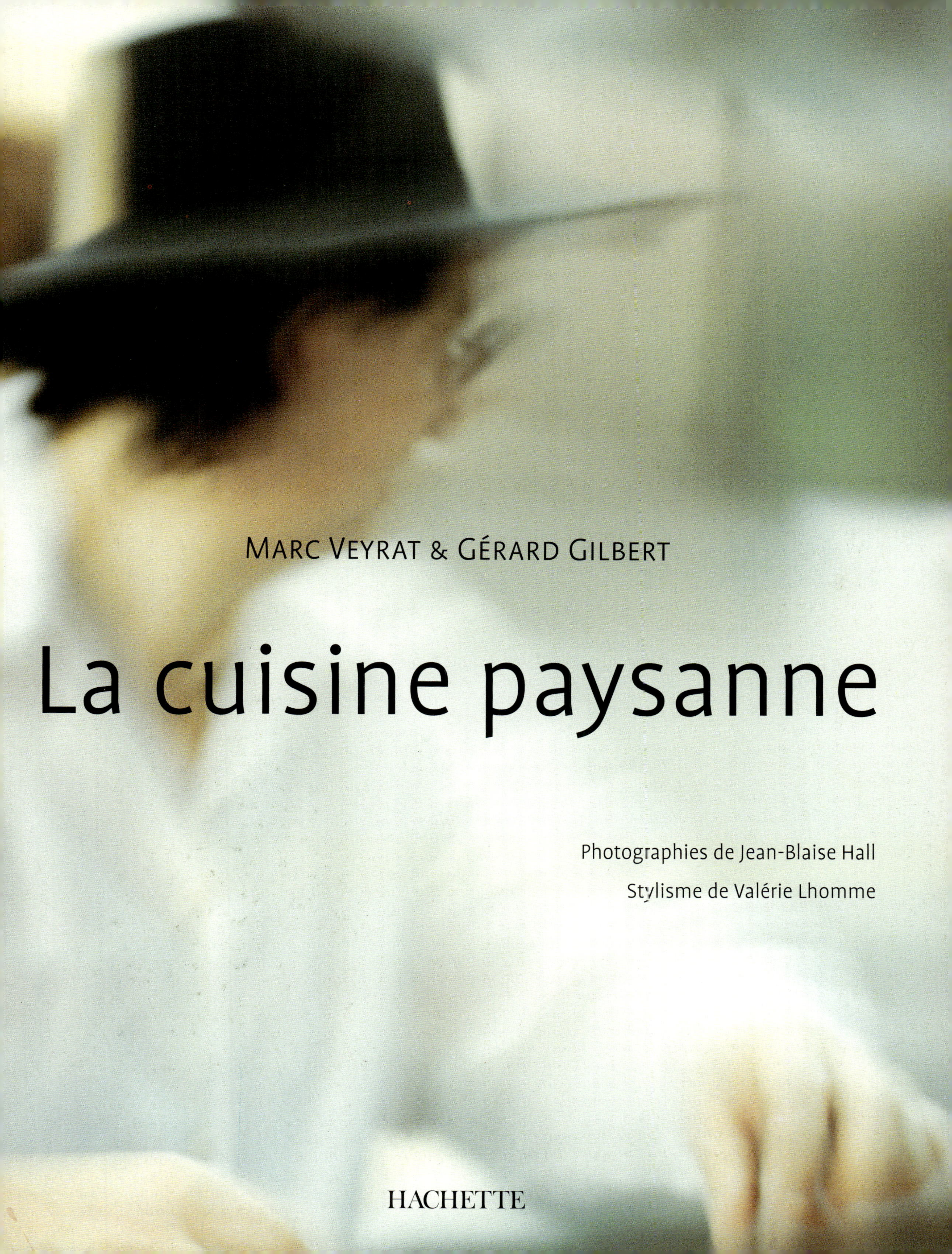

Marc Veyrat & Gérard Gilbert

La cuisine paysanne

Photographies de Jean-Blaise Hall

Stylisme de Valérie Lhomme

HACHETTE

Le goût de l'authentique

Parler de « cuisine paysanne » quand 80 % des habitants de ce pays vivent désormais dans une ville, grande ou petite, et 20 % seulement à la campagne, peut paraître paradoxal. Vivre « en milieu urbain », cela signifie que l'alimentation passe obligatoirement par le remplissage des chariots dans les supermarchés et, parallèlement, par la fréquentation régulière des marchés. Il n'y a plus, même à la campagne la plupart du temps, ce plus court chemin du jardin à l'assiette qui consistait à cuisiner ce que l'on avait produit.

C'est une constatation, pas une nostalgie. Et pourtant, jamais il n'y a eu un tel engouement pour les choses les plus simples et les plus naturelles. Le « bio » certifié transforme désormais l'essai. Nous avons tous le désir d'une vie saine, le goût de l'authentique et de la cuisine où « les choses doivent avoir le goût de ce qu'elles sont », comme disait naguère Curnonsky, « prince des gastronomes ».

Tout naturellement, un autre grand cuisinier, Marc Veyrat, a choisi de faire ce livre en collaboration avec Gérard Gilbert, journaliste culinaire, grand connaisseur des plats du terroir, parce qu'il n'a jamais caché ses origines paysannes, riches de traditions propres à la vallée de Manigod, au-dessus du lac d'Annecy, en Haute-Savoie. Cette enfance, proche de la nature et d'habitudes alimentaires acquises par dix générations de montagnards, qui ont vécu dans cette vallée durant des siècles, lui a donné le goût de la vérité en cuisine et le sens des saveurs. Il aurait pu suivre la voie de ses pairs, mais sa véritable ambition était ailleurs : nous rappeler le goût des herbes sauvages qu'il cueillait, tout gamin, à la demande de sa mère pour cuisiner une simple soupe, améliorer une omelette, parfumer une salade. L'intelligence des choses ne l'a pas enfermé dans la seule vision locale mais lui a ouvert le chemin d'une compréhension de l'universel. Resté proche des hommes de son pays, Marc Veyrat compte parmi les

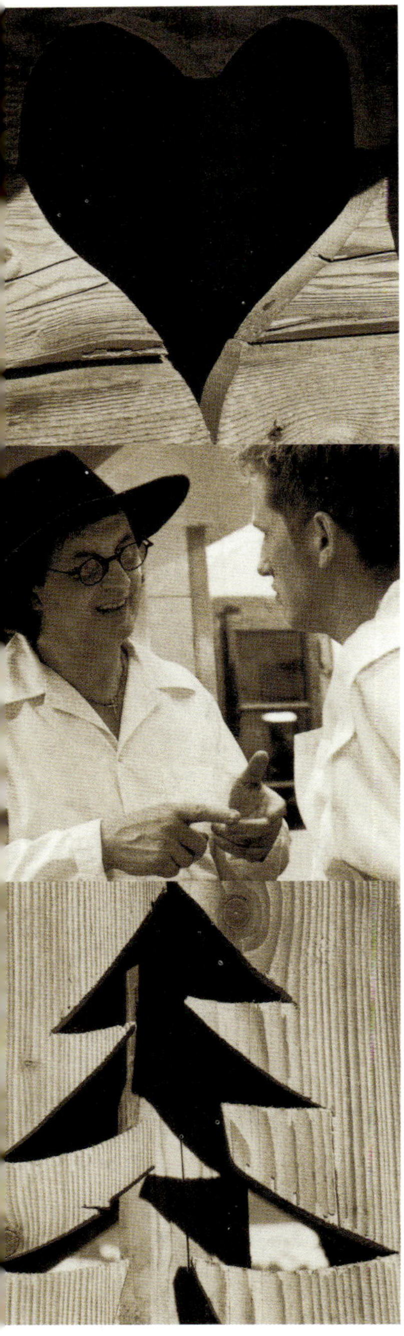

meilleurs ambassadeurs du monde paysan, qui subsiste en dépit des bouleversements contemporains.

La cuisine paysanne est plurielle, mais elle a des traits communs d'un bout de la France à l'autre et même d'un bout de l'Europe à l'autre : c'est une cuisine faite à l'origine dans l'âtre, sur les braises ou dans la flambée volontairement vive, au four dans le reste de la chaleur où a cuit le pain, sur le coin du fourneau familial ou dans la niche du poêle qui réchauffe l'unique pièce à vivre. C'est une cuisine qui mijote longuement ou qui se prépare rapidement : l'estomac des travailleurs (ou des écoliers) n'attend pas. La première bouchée ne doit jamais être trop brûlante et la seconde ne peut pas être décevante même s'il manque toujours « un peu de sel ».

La partie est gagnée quand, après le silence de la faim en cours d'assouvissement, la bonne humeur gagne de proche en proche. La cuisine paysanne, c'est aussi une cuisine de saisons qui présente des mets comme viennent les légumes et les fruits, les herbes et les salades, les volailles et le cochon, les poissons (salés) de la mer lointaine ou les poissons d'eau douce, pris au lac ou à la rivière proches.

Cuisine quotidienne donc de la simplicité, l'inventivité de l'amour maternel transforme la banalité répétitive en petits bonheurs de toutes les bouchées. Cuisine de fête, l'intention de se surpasser, le désir de paraître, le souci de la réputation introduisent les viandes riches, la cuisson majeure, les épices, les inventions savoureuses et, parfois, extravagantes.

La première de toutes, la cuisine paysanne incite à recommencer ce qui a été réussi. C'est pourquoi les recettes et les « tours de main » se sont toujours transmis de génération en génération, passant parfois de mère en fille mais, le plus souvent, de grand-mère à petite-fille, de belle-mère à bru, de voisine à voisine. Ce qui a changé, c'est que la cuisine est désormais aussi « une affaire de gars ». Oralement enseignées puis sagement écrites sur les cahiers d'écoliers, ces recettes racontent l'histoire des familles, comme de vieux albums de photographies. Il n'y a aucune raison au monde pour les laisser perdre.

conseils

La cuisine paysanne est peu coûteuse. Profitez-en pour n'acheter que des produits de première qualité. La simplicité, qui exclut tout artifice, exige le meilleur.

N'ayez pas le complexe du chaudron et la nostalgie de la poêle en fonte. Utilisez plutôt des ustensiles modernes, plus perfectionnés que leurs ancêtres, qui permettent des cuissons courtes, sans graisse.

Fille des fours à pain, la cuisine paysanne exige souvent des cuissons lentes. Le four électrique renoue avec ce principe, et vous autorise même quelques moments d'absence sans courir le moindre risque.

N'hésitez pas à recourir aux produits « du progrès » qui facilitent la tâche et ajoutent un surplus de parfum, tels que les tablettes de bouillon de volaille, le concentré de tomates, etc.

Si d'autres recettes glanées ici et là dans de vieux livres de cuisine vous attirent, n'hésitez pas à les alléger.

Remplacez le saindoux, étrange à la plupart des palais, par du beurre, du lard gras râpé, de la graisse d'oie ou des huiles.

Utilisez le vinaigre, le citron, les baies pour apporter pointu et relief aux sauces et aux mets.

temps de préparation

Le temps de préparation ne tient compte que du temps d'exécution. Apprenez à confectionnez vos recettes « en tiroirs ». Quand plusieurscuissons sont à réaliser, et si bien sûr cela vous est possible compte tenu de la progression de la recette, débutez par la cuisson la plus longue et imbriquez, dans le temps imparti, les autres opérations à faire (cuissons courtes, épluchages, etc.). Si vous ne disposez que de peu de temps le jour même, n'hésitez pas à faire la veille ce que les cuisiniers appellent « la mise en place ». Placés au réfrigérateur recouverts d'un film alimentaire, la plupart des aliments, ainsi « prêts à cuire », se conservent très bien jusqu'au lendemain.

sommaire

crème de topinambours

Réhabilité comme la pomme de terre par Parmentier, le topinambour, fusillé par l'Occupation, n'a pas eu la même destinée. C'est oublier que ce cousin de l'artichaut fut très apprécié dans les campagnes.

POUR 4 PERSONNES PRÉPARATION 20 MIN CUISSON ENVIRON 30 MIN

500 g de topinambours ≈ 1 pomme de terre ≈ 1 oignon ≈ 1 bouquet garni ≈ 1 bonne cuil. à soupe de crème fraîche épaisse ≈ 2 cuil. à soupe d'huile d'olive ≈ gros sel et poivre du moulin

Épluchez les topinambours et la pomme de terre, détaillez cette dernière en quartiers. Pelez et hachez l'oignon.

Faites chauffer l'huile d'olive dans une cocotte et mettez-y l'oignon haché à suer 2 min, en remuant à l'aide d'une spatule. Mouillez avec 1,5 litre d'eau, ajoutez les topinambours, les pommes de terre et le bouquet garni. Salez, laissez cuire 30 min environ.

Retirez le bouquet garni, enlevez la moitié du liquide de cuisson et mixez les légumes. Reversez dans une casserole, ajoutez la crème fraîche, portez à ébullition, rectifiez l'assaisonnement et servez.

« Choisissez les topinambours les plus ronds et les plus réguliers que vous trouverez. À défaut, vous passeriez beaucoup de temps à les éplucher. »

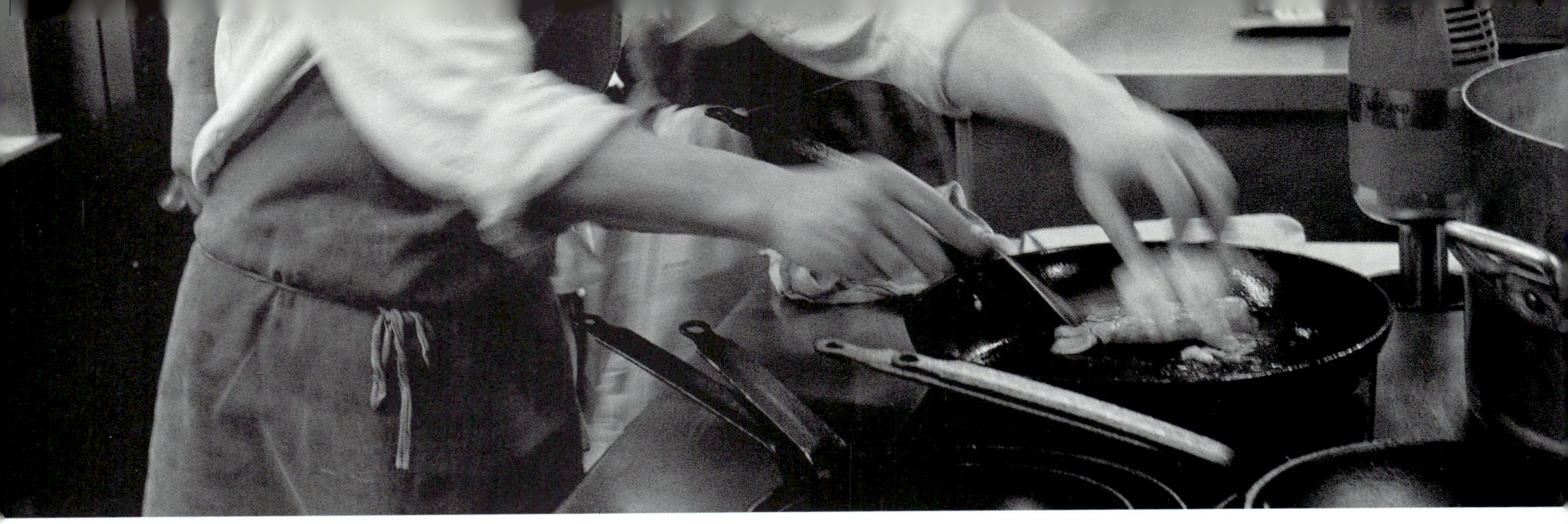

bouillon de légumes à la crème

Rien n'est plus simple qu'un bon bouillon de légumes aux composants variés. La crème ajoutée en est la touche gastronomique.

POUR 4 PERSONNES

PRÉPARATION 5 MIN

CUISSON ENVIRON 30 MIN

- 1 bon litre de bouillon de légumes bien corsé
- 2 à 3 bonnes cuil. à soupe de crème fraîche
- 2 jaunes d'œufs
- 3 cuil. à soupe de tapioca
- sel et poivre du moulin

Portez le bouillon de légumes à ébullition, versez-y le tapioca et laissez cuire environ 30 min.

Dans le fond de la soupière, fouettez les jaunes d'œufs avec la crème fraîche, versez le bouillon chaud dessus, mélangez et rectifiez l'assaisonnement. Servez.

« On peut remplacer le bouillon de légumes par du bouillon de volaille. On ajoutera alors une pincée de noix de muscade.

Quand vous préparez du bouillon de légumes en quantité, ne le salez pas, car il risque d'être réduit dans un emploi ultérieur. Pensez toujours à faire bouillir quelques minutes un bouillon conservé (même congelé) avant utilisation. »

soupe à la mouche

Le nom de soupe « à la mouche » est tombé dans l'oubli. Elle faisait allusion aux herbes, finement ciselées, qui flottaient à la surface du potage...

POUR 4 PERSONNES
PRÉPARATION 10 MIN
CUISSON ENVIRON 20 MIN

- 3 à 4 pommes de terre
- 1 botte de cerfeuil
- 80 cl de lait
- gros sel et poivre du moulin

Épluchez et taillez les pommes de terre en quartiers. Placez-les dans une casserole, mouillez d'eau à hauteur, salez et laissez cuire environ 20 min.
Équeutez, lavez, essorez et ciselez le cerfeuil. Écrasez les pommes de terre à la fourchette et incorporez le lait. Portez à ébullition, rectifiez l'assaisonnement.
Versez en soupière et servez saupoudré de cerfeuil.

« Les fines herbes se congèlent. Faites-les alors blanchir au préalable, en les plongeant 30 secondes dans de l'eau bouillante. En les plaçant dans un bac à glaçons, vous obtiendrez de petites portions, faciles d'emploi. »

soupe de potiron aux châtaignes

Il ne faut pas négliger, quand on le peut, l'épluchage « à brûle-doigts » des châtaignes fraîches cuites au lait.

POUR 4 PERSONNES PRÉPARATION 10 MIN CUISSON 20 MIN

500 g de potiron ≈ 16 marrons surgelés ≈ 1 litre de lait ≈ 2 cuil. à soupe de crème fraîche ≈ 1 cuil. à soupe de beurre ≈ 1/2 tablette de bouillon de volaille ≈ gros sel, sel fin et poivre du moulin

Éliminez les graines et détaillez le potiron en morceaux. Pelez ces derniers sur une planche à découper et mettez-les à cuire 20 min dans 50 cl de lait.

Placez les marrons dans une casserole, couvrez largement d'eau chaude, dans laquelle vous aurez préalablement écrasé la demi-tablette de bouillon, et faites cuire selon les indications mentionnées sur l'emballage, en veillant à conserver les marrons entiers.

Mixez les morceaux de potiron avec un peu de leur liquide de cuisson, salez, poivrez, et rajoutez du lait jusqu'à la consistance souhaitée. Incorporez la crème fraîche, réchauffez doucement, et rectifiez l'assaisonnement. Gardez au chaud.

Faites fondre le beurre dans une poêle et faites-y revenir brièvement les marrons sur feu vif. Répartissez la soupe de potiron dans les assiettes et saupoudrez de brisures de marron.

« Pour éviter que les marrons frais ne se délitent, ajoutez dans leur eau de cuisson 1 cuillerée à soupe de fécule. Un marron est cuit à point quand il s'écrase sous la pression du doigt. »

soupe des prés

Le bonheur est dans le pré et encore plus dans cette soupe qui, modeste, ne réclame que des pommes de terre et une odorante brassée d'herbes sauvages.

POUR 4 PERSONNES

PRÉPARATION 15 MIN

CUISSON 45 MIN

500 g de pommes de terre

1 bonne brassée d'herbes sauvages variées (orties, pourpier, mauve, oseille, etc.)

2 cuil. à soupe de crème fraîche

2 cuil. à soupe d'huile d'olive

sel et poivre du moulin

Équeutez, lavez et hachez les herbes, faites-les tomber 2 min dans une grande casserole avec l'huile d'olive.

Épluchez et coupez les pommes de terre en quartiers. Ajoutez-les aux herbes, mouillez avec 1 bon litre d'eau, salez, poivrez. Portez à ébullition et laissez mijoter 45 min environ.

Incorporez la crème fraîche, rectifiez l'assaisonnement et servez éventuellement avec des croûtons.

« N'hésitez pas, selon vos connaissances champêtres, à multiplier la variété des herbes. À défaut, prenez des épinards, des feuilles de laitue, etc. On peut remplacer les pommes de terre par une bonne tasse de riz. »

soupe au caillou

Le galet brûlant déposé dans la marmite pleine sert, quand il danse dans l'eau en ébullition, à écraser les légumes du potage.

POUR 4 PERSONNES PRÉPARATION 15 MIN CUISSON 1 H 30 À 2 H

200 g de poitrine fumée ≈ 1 petit chou-rave ≈ 2 carottes ≈ 1 petit céleri-rave ≈ 1 beau navet ≈ 1 belle pomme de terre ≈ 1 oignon ≈ 4 cuil. à soupe de crème fraîche ≈ sel et poivre du moulin

Lavez, épluchez et détaillez en cubes tous les légumes. Ôtez la couenne et taillez la poitrine fumée en lardons.

Placez les morceaux de légumes et les lardons dans une cocotte, couvrez largement d'eau, poivrez, salez et ajoutez le galet. Portez à ébullition, puis laissez cuire de 1 h à 1 h 30 à petits bouillons, selon la consistance souhaitée. Ajoutez de l'eau, si nécessaire, en cours de cuisson.

Liez avec la crème fraîche, donnez un bouillon et servez aussitôt.

« La poitrine fumée l'étant déjà, ne salez que très modérément ! »

soupe de reblochon au chou-rave

Il existe, c'est certain, une authentique affinité entre l'inoubliable goût du chou-rave et la saveur du reblochon sauvage.

POUR 4 PERSONNES
PRÉPARATION 15 MIN
CUISSON ENVIRON 1 H
150 g de poitrine fumée
150 g de chou-rave
300 g de pommes de terre
1 poireau
1 petit reblochon
1 cuil. à soupe de beurre
sel et poivre du moulin

Épluchez et taillez en morceaux le chou-rave et les pommes de terre.
Fendez le poireau en quatre, sans éliminer le vert, et lavez-le à grande eau avant de l'émincer en fines rondelles. Ajoutez-le dans le beurre mousseux et laissez suer 8 min à couvert, sur feu doux. Versez 1,5 litre d'eau, ajoutez les morceaux de chou-rave, les pommes de terre et le morceau de poitrine fumée. Faites cuire 50 min.
Éliminez la poitrine fumée, passez la soupe à la Moulinette, rectifiez l'assaisonnement et mixez.
Détaillez le reblochon (avec ou sans la croûte) en dés. Portez la soupe à ébullition, en la détendant d'un peu d'eau si elle est trop épaisse, et, hors du feu, ajoutez les dés de reblochon. Servez aussitôt.

« La soupe peut être servie avec la poitrine fumée. Dans ce cas, faites cuire le morceau de viande 30 min de plus à l'eau bouillante. »

soupe au chou

Tout dépend de l'espèce. La meilleure soupe au chou vient de Vendée où elle est faite avec les pousses du chou fourrager et des « mogettes » (haricots secs)... soupe que l'on retrouve au Portugal (*ortaliça com fejao*).

POUR 4 PERSONNES PRÉPARATION 15 MIN
CUISSON ENVIRON 2 H

300 g de petit salé ≈ 1 beau chou vert ≈ 200 g de carottes ≈ 300 g de pommes de terre ≈ 1 beau poireau ≈ 1 oignon ≈ 1 bouquet garni ≈ gros sel et poivre du moulin

La veille, posez le petit salé dans une passoire à pieds puis placez-le dans une jatte d'eau fraîche et laissez-le dessaler ainsi toute la nuit.

Le jour même, rincez le petit salé, mettez-le dans une grande cocotte avec le bouquet garni, mouillez d'eau à hauteur (ne salez surtout pas !), portez à ébullition en écumant régulièrement. Laissez frémir 1 h.

Éliminez les mauvaises feuilles, coupez le chou en quartiers et éliminez le trognon. Hachez grossièrement les quartiers de chou. Épluchez les carottes, les pommes de terre et l'oignon. Éliminez une partie du vert puis fendez le poireau en quatre, lavez-le soigneusement avant de le tailler en tronçons.

Ajoutez tous ces légumes dans la cocotte et faites cuire encore 1 h sur feu doux, en rajoutant de l'eau si nécessaire. Rectifiez l'assaisonnement.

Servez le bouillon en soupière, avec les légumes et le petit salé à part.

« Traditionnellement, on tapisse le fond des assiettes de tranches de pain de seigle. On peut alors sophistiquer la présentation en mettant au fond de la soupière des lamelles de cantal.

Une variante consiste à remplacer le petit salé par un morceau de lard maigre, ce qui donnera un bouillon moins puissant. On peut également le remplacer par de la saucisse, du saucisson ou encore du cervelas.

On peut également faire rissoler 50 g de lard gras dans 1 cuillerée à soupe d'huile de noix avant de mouiller d'eau pour stopper la cuisson, puis y ajouter le chou et les pommes de terre (les autres légumes pouvant être éliminés). »

soupe à l'ail, dite « aigo-boulido »

C'est l'ail bouilli de notre Provence. On compte une bonne dizaine de recettes, mais celle-ci est la meilleure. Ce potage d'une extrême simplicité était l'épreuve décisive par laquelle la famille déclarait admises les apprenties cuisinières de jadis.

POUR 4 PERSONNES
PRÉPARATION 5 MIN
CUISSON 15 MIN
10 gousses d'ail
1 pincée de thym
1 feuille de laurier
3 feuilles de sauge
1 jaune d'œuf
5 cl d'huile d'olive
sel et poivre du moulin

Pelez les gousses d'ail, coupez-les en deux et dégermez-les, puis faites-les cuire 15 min avec le thym, le laurier et la sauge dans 1 litre d'eau bouillante salée.
Mettez le jaune d'œuf dans un bol avec 5 cl d'huile d'olive et montez-le comme une mayonnaise, puis délayez-y environ 10 cl de bouillon en fouettant.
Éliminez l'ail, le thym, le laurier et la sauge avant de verser la « mayonnaise » dans le bouillon. Rectifiez l'assaisonnement et servez aussitôt.

« On peut jeter dans cette soupe une bonne poignée de vermicelles ou encore lui ajouter du lait bien froid en été. Il est de tradition de mettre dans le fond des assiettes des tranches de pain de campagne rassises ou séchées au four, préalablement frottées d'ail et arrosées d'un soupçon d'huile d'olive. Mais je le déconseille, car l'huile surnage à la surface et « orne » la soupe d'yeux peu esthétiques. »

soupe de congre

Le congre, poisson à la longévité légendaire, donne de la consistance et une forte saveur à cette variante de l'universelle « soupe de poissons ».

Pour 4 personnes
Préparation 10 min
Cuisson environ 35 min

- 500 g de congre
- 500 g de pommes de terre
- 2 beaux oignons
- 1 feuille de laurier
- 1 branche de thym
- 2 cuil. à soupe de beurre
- gros sel et poivre du moulin

Épluchez et hachez les oignons ; pelez les pommes de terre, coupez-les en quartiers.

Dans une cocotte, faites suer 5 min les oignons au beurre, en remuant à l'aide d'une spatule, puis ajoutez les morceaux de pomme de terre, le congre, le thym et le laurier. Salez, poivrez, mouillez avec 1,5 litre d'eau.

Laissez cuire environ 45 min et servez.

« N'achetez que la partie du congre située près de la tête. C'est la plus noble. Ce poisson, souvent surnommé « anguille des mers », est dépourvu d'écailles visibles. Aussi, avant de l'empoigner pour le couper en tronçons, saupoudrez-le de gros sel, qui fera office d'antidérapant. »

consommé au thym et à l'ail

L'un et l'autre ont une action bénéfique sur le sang qu'ils clarifient. Le thym possède aussi la vertu de lisser les boyaux et de calmer les maux stomachiques.

POUR 4 PERSONNES PRÉPARATION 10 MIN CUISSON 15 MIN

3 gousses d'ail ≈ 3 branches de thym ≈ 1 bonne poignée de cheveux d'ange ≈ 1 tablette de bouillon de volaille ≈ huile d'olive (facultatif) ≈ sel et poivre du moulin

Portez à ébullition 80 cl d'eau avec la tablette de bouillon de volaille, les gousses d'ail épluchées et coupées en deux, les branches de thym émiettées. Laissez cuire 10 min.

Retirez l'ail, rectifiez l'assaisonnement, jetez les cheveux d'ange dans le bouillon, couvrez et laissez gonfler de 2 à 3 min. Ajoutez éventuellement un filet d'huile d'olive juste avant de servir.

« À la saison, préférez toujours l'ail nouveau. Mais n'anticipez pas trop sa venue car l'ail que vous trouveriez alors sur les marchés ne serait que peau. Vous pouvez également faire ce consommé en remplaçant les gousses par 1 tête d'ail coupée en deux. »

soupe froide de courgettes

Ceci est une nouvelle variante du gaspacho avec, cette fois encore, l'un de ses composants isolé : la courgette.

POUR 4 PERSONNES PRÉPARATION 15 MIN CUISSON 15 MIN

700 g de courgettes ≈ 75 cl de lait ≈ 2 cuil. à soupe de crème fraîche épaisse ≈ ½ tablette de bouillon de volaille ≈ 1 bonne pincée de sarriette en poudre ≈ sel et poivre du moulin

Lavez les courgettes, éliminez-en le pédoncule et taillez-les en fines rondelles. Salez et brassez à la main. Placez les courgettes dans le panier d'une Cocotte-Minute et faites cuire 5 min à la vapeur.

Transvasez dans le bol d'un robot ménager, ajoutez le tiers de lait et mixez.

Portez cette purée sur le feu, ajoutez la pincée de sarriette, poivrez, et détendez-la avec du lait, dans lequel vous aurez préalablement incorporé le bouillon de volaille écrasé.

Ajoutez la crème fraîche, donnez un bouillon, rectifiez l'assaisonnement.

Laissez refroidir avant d'entreposer 2 h au réfrigérateur. Servez glacé.

« Faute de sel, les courgettes demeurent fades. Néanmoins, si vous les poêlez, ne salez qu'en fin de cuisson : elles risquent sinon de manquer de tenue. »

matafans savoyards

Ces crêpes dentelles d'un genre ancien ont attendu la pomme de terre pour échapper à l'orge.

POUR 4 PERSONNES PRÉPARATION 20 MIN CUISSON ENVIRON 10 MIN

600 g de pommes de terre ≈ 1 gousse d'ail ≈ 3 œufs ≈ huile d'arachide ≈ sel et poivre du moulin

Pelez, dégermez et coupez finement la gousse d'ail. Épluchez les pommes de terre, lavez-les et râpez-les, pressez fortement dans la main pour ôter l'excédent d'eau. Démêlez les vermicelles de pommes de terre dans un saladier, salez, poivrez, puis incorporez les œufs légèrement battus, l'ail, et mélangez.

Versez de l'huile dans une grande poêle sur environ 1 cm de hauteur, faites-la chauffer et déposez-y la préparation aux pommes de terre, cuillerée par cuillerée, en aplatissant du dos de la cuillère pour obtenir des croquettes assez plates (environ 7 cm de diamètre).

Laissez dorer 5 min sur chaque face, égouttez sur du papier absorbant, et servez les matafans chauds.

« Ne laissez pas les pommes de terre en attente une fois râpées ; non seulement elles noircissent presque instantanément, mais elles perdent également beaucoup de leur eau de végétation, notamment si elles ont été salées. »

tarte de chou au cumin

Le cumin est l'aromate naturel du chou. Comme lui, il est d'une origine européenne des plus anciennes. Son parfum s'allie très bien à la préparation présente qui rappelle un plat balte.

POUR 4 PERSONNES PRÉPARATION 25 MIN CUISSON ENVIRON 40 MIN REPOS 30 MIN

1 chou vert ≈ 125 g de lard maigre ≈ 3 bonnes cuil. à soupe de crème fraîche épaisse ≈ 300 g de pâte brisée ≈ 3 œufs ≈ 1 cuil. à soupe de farine ≈ 1 cuil. à soupe de cumin ≈ 3 cuil. à soupe de beurre ≈ gros sel, sel fin et poivre du moulin

Sur un plan de travail fariné, étalez la pâte brisée. Déposez-la ensuite dans un moule d'environ 22 cm de diamètre, beurré et fariné, laissez reposer 30 min au réfrigérateur.

Hachez finement le lard et faites-le revenir au beurre dans une cocotte. Éliminez le trognon, coupez le chou en gros quartiers puis détaillez ceux-ci en lanières d'environ 0,5 cm. Plongez les lanières de chou dans une grande casserole d'eau bouillante salée, laissez cuire 5 min, rafraîchissez aussitôt sous l'eau du robinet, laissez égoutter.

Préchauffez le four à 220 °C (th. 7-8).

Faites revenir les lanières de chou dans la cocotte en les mélangeant au lard et en y ajoutant 1 cuillerée à soupe de beurre. Retirez du feu, ajoutez le cumin et rectifiez l'assaisonnement en sel et poivre.

Battez les œufs à la fourchette dans un saladier, incorporez la crème fraîche, mélangez, salez, poivrez. Ajoutez les lanières de chou dans le saladier, mélangez. Piquez le fond de tarte avec les dents d'une fourchette, versez-y la préparation au chou, glissez au four et laissez cuire environ 40 min.

« Pour accentuer le goût du lard, n'utilisez que du lard gras râpé à la place du beurre. Pour que le mélange soit bien uniforme, remuez et lissez délicatement le contenu de la tarte à l'aide d'une cuillère avant d'enfourner. »

haricots blancs au beurre d'anchois

L'anchois est employé en raison de la salaison dont il fait l'objet, et cela date de l'époque où le sel de mer était fortement taxé : l'anchois échappait à la gabelle et permettait de contourner les contrôles domiciliaires.

POUR 4 PERSONNES PRÉPARATION 25 MIN
CUISSON ENVIRON 1 H TREMPAGE 2 H

800 g de haricots blancs frais écossés ≈ 150 g de poitrine fumée ≈ 4 filets d'anchois au sel ≈ 1 grosse tomate bien mûre ≈ 2 oignons ≈ 1 gousse d'ail ≈ 1 petite branche de romarin ≈ 3 feuilles de sauge ≈ 1 bouquet garni ≈ 1 tablette de bouillon de volaille ≈ 3 cuil. à soupe d'huile d'olive ≈ 4 cuil. à soupe de beurre ≈ sel et poivre du moulin

Mettez les filets d'anchois dans une jatte d'eau froide et laissez-les dessaler 2 h.

Ôtez la couenne et détaillez la poitrine fumée en petits dés. Pelez et hachez grossièrement les oignons, pelez la gousse d'ail et coupez-la en deux pour éliminer le germe qui est indigeste. Plongez la tomate 30 secondes dans de l'eau bouillante, pelez-la.

Écrasez la tablette de bouillon de volaille à la fourchette dans 15 cl d'eau chaude.

Faites chauffer l'huile d'olive dans une cocotte, ajoutez-y les haricots, les oignons et l'ail, poivrez, et faites cuire 3 min, en remuant à l'aide d'une spatule.

Versez le bouillon de volaille, complétez d'eau à bonne hauteur, coupez la tomate en deux, pressez-la au-dessus de la cocotte, puis ajoutez les deux moitiés de tomate grossièrement hachées ainsi que le bouquet garni, le romarin et la sauge. Laissez mijoter environ 1 h.

Dans un bol, malaxez les filets d'anchois dessalés et rincés avec le beurre. Éliminez le bouquet garni des haricots blancs, rectifiez l'assaisonnement, et apportez la cocotte à table, avec le beurre d'anchois à part.

« Attention à ne jamais saler des haricots blancs au début, mais à mi-cuisson. Le sel se fixant sur la peau, il la durcit. Ici, il n'est nul besoin de saler les haricots, compte tenu de la présence de la poitrine fumée et du bouillon de volaille.

Il est préférable de presser les demi-tomates pour en récupérer le jus, lequel en réduisant apportera un supplément de goût.

N'utilisez pas des filets d'anchois à l'huile, mais uniquement au sel, c'est-à-dire nature. »

potiron au chou frisé

Remarquable mariage du potiron et du chou frisé, qui prennent un œuf pour témoin. Le potiron connaissant un regain d'intérêt, cela pourrait aisément passer pour de la cuisine moderne.

POUR 4 PERSONNES

PRÉPARATION 15 MIN

CUISSON 15 MIN

500 g de potiron
ou de potimarron

1 petit chou frisé

4 cuil. à soupe de crème fraîche

4 œufs

1 cuil. à soupe d'huile d'olive

gros sel,
sel et poivre du moulin

Détachez 8 feuilles de chou d'un bel arrondi, les plus incurvées qui soient. Lavez-les, égouttez-les, éliminez les côtes. Épépinez et épluchez le morceau de potiron, détaillez-le en petits dés. Sur feu vif, poêlez de 2 à 3 min les dés de potiron dans l'huile d'olive, salez, poivrez.

Préchauffez le four à 240 °C (th. 8).

Sur 4 grandes feuilles de papier d'aluminium, placez 1 feuille de chou, ajoutez les dés de potiron dessus et, à l'aide d'une cuillère, écartez-les en puits pour y loger 1 œuf. Nappez de 1 cuillerée à soupe de crème fraîche, salez, poivrez, et recouvrez l'ensemble avec 1 feuille de chou.

Rectifiez l'assaisonnement, enveloppez les feuilles de chou du papier d'aluminium sans les écraser, glissez au four et laissez cuire 7 min.

« Pour détacher les feuilles de chou sans les déchirer, le mieux est d'inciser la côte au niveau du trognon. Les feuilles les plus arrondies et exemptes de toute déchirure recevront la farce. Que les autres (c'est-à-dire celles qui coifferont la farce) soient déchirées n'a pas grande importance. Les dés de potiron doivent rester fermes. Dès qu'ils commencent à colorer légèrement, au bout de 1 à 2 min, retirez-les du feu.

La cuisson des feuilles de chou au four (environ 7 min) est, bien évidemment, fonction de ce dernier. Faites un essai avant de recevoir des amis. »

pommes de terre au lard

Variante : avec de la tomme fraîche de cantal (coupée au couteau), on prépare une divine « truffade » dont le nom vient de la désignation de la pomme de terre en auvergnat.

POUR 4 PERSONNES

PRÉPARATION 15 MIN

CUISSON 15 MIN

200 g de poitrine fumée

800 g de pommes de terre

1 bouquet de persil

2 cuil. à soupe de graisse d'oie (ou de saindoux ou de beurre)

sel et poivre du moulin

Épluchez et détaillez les pommes de terre en gros dés, lavez-les, épongez-les dans un linge. Équeutez, lavez, essorez et ciselez le persil.

Ôtez la couenne et coupez la poitrine fumée en lardons. Mettez ces derniers dans une casserole et couvrez de 50 cl d'eau froide ; portez à ébullition.

Placez les pommes de terre dans une cocotte, versez à mi-hauteur l'eau de cuisson des lardons, ajoutez la graisse d'oie et faites cuire 20 min dans le four à 200 °C (th. 6-7).

Rectifiez l'assaisonnement et servez chaud, parsemé de persil ciselé.

« Contrairement aux pommes de terre sautées, celles préparées en gratin ne sont pas lavées, afin que l'amidon serve de liant. »

gratin d'asperges à la poitrine fumée et au jambon de pays

Recette d'origine landaise. Jadis, les ménagères utilisaient plutôt des asperges conservées dans des bocaux. Mieux vaut aujourd'hui préférer les pointes d'asperge en vrac, souvent meilleures et moins coûteuses.

POUR 4 PERSONNES PRÉPARATION 20 MIN
CUISSON ENVIRON 25 MIN

150 g de jambon de pays ≈ 100 g de jambon de Paris ≈ 150 g de poitrine fumée ≈ 1 kg de pointes d'asperge ≈ 20 cl de crème fraîche liquide ≈ 1 bonne cuil. à soupe de farine ≈ 1 cuil. à soupe de graisse d'oie ≈ 2 bonnes cuil. à soupe de beurre ≈ 1 pincée de noix de muscade ≈ gros sel, sel fin et poivre du moulin

Écourtez les pointes d'asperge sur 1 cm et faites-les cuire, selon leur grosseur, de 8 à 12 min à l'eau bouillante salée (en comptant 1 cuillerée à soupe de gros sel par litre d'eau). Gardez l'eau de cuisson et rafraîchissez les asperges sous l'eau froide du robinet.
Ôtez la couenne et détaillez la poitrine fumée en petits dés. Mettez ces lardons dans une casserole d'eau froide, portez à ébullition, rafraîchissez aussitôt sous l'eau froide et laissez égoutter. Détaillez les tranches de jambon en dés et faites-les revenir 30 secondes, ainsi que les lardons, dans la graisse d'oie bien chaude.
Faites chauffer dans une casserole 1 bonne cuillerée à soupe de beurre et la farine. Dès que le mélange commence à colorer, versez, en procédant par étapes, 20 cl de jus de cuisson des asperges et la même quantité de crème fraîche. Parfumez de noix de muscade, salez, poivrez et laissez cuire environ 10 min à petits bouillons, en remuant de temps à autre. Rectifiez l'assaisonnement.
Préchauffez le four à 240 °C (th. 8).
Versez un peu de béchamel dans un plat à gratin généreusement beurré, ajoutez les pointes d'asperge, les dés de jambon, les lardons, puis nappez le tout du reste de béchamel. Glissez au four et laissez cuire 10 min, puis faites gratiner 3 min sous le gril. Servez aussitôt.

« Pour réduire le coût, on peut utiliser des asperges entières. Jadis, on ne jetait jamais l'eau de cuisson des légumes : elle servait de base à la préparation des soupes. La poitrine fumée doit systématiquement être blanchie au préalable, afin que le goût de fumé n'envahisse pas le plat. »

pommes de terre de madame Tochon

Cette madame Tochon est la bienfaitrice des gourmands, et sa recette renouvelle agréablement la manie des tristes pommes de terre « en chemise » des gargotes.

POUR 4 PERSONNES PRÉPARATION 10 MIN CUISSON 40 MIN

800 g de pommes de terre (charlotte de préférence) ≈ 4 tranches de jambon cru ≈ 300 g de reblochon ≈ 1 pot de petits oignons au vinaigre ≈ 1 pot de cornichons ≈ gros sel et poivre du moulin

Brossez les pommes de terre sous l'eau du robinet, faites-les cuire 10 min dans une casserole d'eau salée. Éliminez la croûte du reblochon, détaillez le fromage en dés. Préchauffez le four à 240 °C (th. 8).

Coupez les pommes de terre en deux, évidez-les délicatement et farcissez-les de dés de reblochon. Donnez un bon tour de moulin à poivre, reformez les pommes de terre et enveloppez-les de papier d'aluminium.

Glissez au four et laissez cuire 30 min. Servez aussitôt, accompagné de jambon cru, d'oignons au vinaigre et de cornichons.

« Les pommes de terre ne doivent cuire qu'à moitié. Leur cuisson peut se poursuivre comme ici, au four, ou encore, ce qui est meilleur, sous des braises. »

salade de lentilles à la fourme d'Ambert

Comme Esaü, fils d'Isaac, le fit jadis, plus d'un Auvergnat vendrait aujourd'hui son droit d'aînesse pour une telle salade de lentilles dont la plus haute antiquité remonte à l'invention de la fourme d'Ambert.

POUR 4 PERSONNES PRÉPARATION 15 MIN CUISSON 30 MIN

200 g de lentilles vertes ≈ 150 g de fourme d'Ambert ≈ 1 carotte ≈ 1 oignon ≈ 3 échalotes ≈ 1/4 de branche de céleri ≈ 1 bouquet de persil ≈ 1 botte de ciboulette ≈ 1 branche de thym ≈ 1 feuille de laurier ≈ 1 cuil. à soupe de moutarde forte ≈ vinaigre de vin ≈ huile d'arachide ≈ 1 noix de beurre ≈ sel et poivre du moulin

Rincez brièvement les lentilles. Épluchez et coupez en petits dés la carotte et l'oignon, faites-les suer 3 min au beurre, puis ajoutez les lentilles, le thym et le laurier. Versez 3 fois leur volume d'eau dans la casserole, et laissez cuire de 20 à 25 min. Salez et poivrez en fin de cuisson.

Préparez une vinaigrette avec sel, poivre, huile, vinaigre de vin, ajoutez-y ensuite la moutarde et les échalotes pelées et finement coupées. Équeutez, lavez, essorez et ciselez le persil. Essuyez et ciselez la ciboulette.

Égouttez les lentilles, assaisonnez-les de vinaigrette aux échalotes et parsemez de fines herbes, de copeaux de fourme d'Ambert et de céleri finement coupé.

« Si les lentilles ne sont pas suffisamment cuites, laissez-les dans la casserole, hors du feu, à couvert. Les lentilles se salent toujours en fin de cuisson. À défaut, leur peau devient dure. »

rutabagas au reblochon, sauce à la coriandre

Comme le chou-rave, le rutabaga a beaucoup souffert d'avoir été la base de l'alimentation très restreinte des temps de guerre. C'est un légume fort en goût.

POUR 4 PERSONNES

PRÉPARATION 25 MIN

CUISSON 45 MIN

- 12 petits rutabagas (navets jaunes)
- ½ botte de coriandre fraîche
- 300 g de reblochon
- 10 cl de crème fraîche liquide
- 10 cl de vin blanc sec
- gros sel, sel fin et poivre du moulin

Épluchez les rutabagas, faites-les cuire de 30 à 40 min à l'eau salée. Équeutez, lavez, essorez et ciselez 1 petite poignée de coriandre.

Éliminez la croûte du reblochon, taillez le fromage en dés et mettez ceux-ci dans le bol d'un robot ménager ; versez le vin blanc et mixez. Portez la crème fraîche à ébullition, puis ajoutez-la et mixez par à-coups.

Égouttez, puis décalottez et évidez soigneusement les rutabagas à l'aide d'une cuillère parisienne. Réchauffez la crème de reblochon sur feu très doux, sans cesser de fouetter (ne la faites surtout pas bouillir !). Farcissez-en les rutabagas et donnez un tour de moulin à poivre.

Incorporez 1 cuillerée à soupe de coriandre ciselée dans la crème restante. Répartissez les rutabagas dans les assiettes chaudes nappées de 1 grosse cuillerée de crème à la coriandre et servez aussitôt.

« Les rutabagas doivent être cuits mais fermes. Vérifiez-en la cuisson en les piquant de la pointe du couteau. »

tarte aux poireaux et au petit salé

Un reste de petit salé remplaçait jadis le lard fumé dans une tarte. Le petit salé s'accorde à merveille avec les poireaux.

POUR 4 PERSONNES
PRÉPARATION 20 MIN
CUISSON 1 H
REPOS 30 MIN

- 200 g de petit salé cuit
- 1,5 kg de poireaux
- 100 g de fromage frais (saint-florentin)
- 2 bonnes cuil. à soupe de crème fraîche
- 8 cl de lait
- 300 g de pâte brisée surgelée
- 3 œufs
- 1 cuil. à soupe rase de farine
- 75 g de beurre
- 1 pointe de noix de muscade
- sel et poivre du moulin

Sur un plan de travail fariné, étalez la pâte brisée, puis déposez-la dans un moule à tarte d'environ 22 cm de diamètre, beurré et fariné. Entreposez 30 min au réfrigérateur.

Éliminez le vert puis fendez les poireaux sur quelques centimètres, lavez-les à grande eau. Émincez les blancs de poireau en fines rondelles, émiettez le petit salé, et faites suer le tout de 10 à 15 min, à couvert, sur feu doux. Salez, poivrez.

Préchauffez le four à 150 °C (th. 5).

Fouettez dans un saladier les œufs avec la crème fraîche, le fromage frais et le lait, salez, poivrez, parfumez de noix de muscade, puis incorporez la fondue de poireau-petit salé. Mélangez bien.

Versez dans le moule, glissez au four et laissez cuire 1 h. Servez tiède.

« S'il s'agit de gros poireaux d'hiver, creusez le pied qui est spongieux et sans intérêt gustatif. »

salade de chou aux pommes

Cette salade de chou cru et de pommes possède des vertus cicatrisantes sur tout l'appareil digestif : seule la sauce peut jouer des tours !

POUR 4 PERSONNES PRÉPARATION 20 MIN MACÉRATION 30 MIN

1 petit chou vert ≈ 2 pommes reinettes ≈ le jus de ½ citron ≈ 2 cuil. à soupe de crème fraîche ≈ 1 cuil. à soupe de sauce soja ≈ 3 cuil. à soupe d'huile d'arachide (ou moitié noix, moitié arachide) ≈ sel et poivre du moulin

Éliminez les côtes et le trognon, coupez le chou en gros quartiers puis émincez-le finement. Mettez ces lanières de chou dans de l'eau tiède salée et laissez tremper 30 min. Rincez à grande eau, puis laissez égoutter.

Dans un saladier, fouettez la crème fraîche avec le jus du citron, la sauce soja et l'huile d'arachide, salez, poivrez. Pelez les pommes et détaillez-les en dés au dernier moment. Ajoutez les lanières de chou et mélangez bien. Rectifiez l'assaisonnement. Servez.

« L'huile d'arachide peut être additionnée d'un peu d'huile de noix qui convient aux pommes comme au chou ; l'huile de noix étant un peu forte de goût, on respectera un rapport de 1 pour 2. »

tarte aux cèpes et à la tomme fraîche

Cette tarte est à servir à la fin de l' « estive », quand les premiers cèpes sortent de terre et qu'il reste un peu de caillé dans les toiles de pressage du fromage.

POUR 4 PERSONNES
PRÉPARATION 30 MIN
CUISSON 40 MIN

- 150 g de magret de canard fumé
- 600 g de cèpes frais
- 1 gousse d'ail
- 1 bouquet de persil plat
- 150 g de tomme fraîche
- 350 g de pâte brisée surgelée
- 1 cuil. à soupe de farine
- 2 cuil. à soupe de graisse d'oie (ou de beurre)
- 1 cuil. à soupe de beurre
- sel et poivre du moulin

Préchauffez le four à 180 °C (th. 6). Sur un plan de travail fariné, étalez la pâte brisée, puis déposez-la dans un moule à tarte d'environ 22 cm de diamètre, beurré et fariné. Piquez le fond de tarte avec les dents d'une fourchette avant de le tapisser d'une feuille de papier d'aluminium. Emplissez de légumes secs ou de petits cailloux, glissez au four et faites cuire 15 min à blanc. Sortez le fond de tarte, sans éteindre le four.

Pelez, dégermez et hachez l'ail. Équeutez, lavez, essorez et ciselez le persil. Éliminez la partie terreuse des pieds et essuyez les champignons à l'aide d'un linge humide, séparez les têtes des pieds et coupez ces derniers en petits dés.

Faites fondre la graisse d'oie dans une poêle et, quand elle est bien chaude, ajoutez-y les dés de cèpe, l'ail haché et 2 cuillerées à soupe de persil haché, salez, poivrez. Laissez cuire 5 min sur feu moyen, en remuant à l'aide d'une spatule.

Retirez les légumes secs ou les cailloux, tapissez le fond de tarte de fines tranches de magret fumé, recouvrez des dés de cèpe, puis des têtes crues émincées en lamelles. Salez, poivrez, couvrez de tomme fraîche détaillée en copeaux, glissez au four et laissez cuire de 15 à 20 min.

« On peut remplacer la gousse d'ail par 2 échalotes. Pelez les pieds des cèpes à l'aide d'un couteau économe ; c'est le plus pratique et ce qui entraîne le moins de pertes.

Vous pouvez préparer de grandes quantités de cèpe à l'avance, ce champignon supportant très bien la congélation. Si vous utilisez des cèpes surgelés, déposez-les, la veille, sur un grand torchon plié en plusieurs épaisseurs qui absorbera l'eau rendue comme un buvard. Vous les cuisinerez le lendemain comme indiqué dans la recette. »

tomates à l'œuf

Cette recette est dérivée d'un classique qui consiste à étaler une purée de tomate épaisse au fond d'un plat à gratin puis à y creuser des nids à la cuillère pour y loger des œufs frais.

POUR 4 PERSONNES PRÉPARATION 10 MIN
CUISSON 8 MIN ÉGOUTTAGE 30 MIN

4 tomates moyennes (aplaties de préférence) ≈ 4 œufs extra-frais ≈ 1/2 botte de ciboulette ≈ 12 branches de cerfeuil ≈ 10 branches d'estragon ≈ 6 feuilles de basilic ≈ huile d'olive (facultatif) ≈ sel et poivre du moulin

Lavez et essuyez les tomates sans les équeuter, tranchez-les aux quatre cinquièmes de leur hauteur. Mettez ces chapeaux de côté et retirez la pulpe à l'aide d'une cuillère parisienne. Salez l'intérieur des tomates, retournez-les sur une grille et laissez-les s'égoutter 30 min.

Essuyez et ciselez la ciboulette ; lavez, essorez et ciselez les autres fines herbes.

Préchauffez le four à 240 °C (th. 8).

Tapissez le fond des tomates de fines herbes, salez légèrement, poivrez. Cassez les œufs et déposez-en 1 dans chaque tomate, salez, poivrez, recouvrez du reste de fines herbes, puis coiffez du chapeau.

Disposez délicatement les tomates dans un plat à gratin, glissez au four et laissez cuire de 6 à 8 min. Arrosez éventuellement d'un filet d'huile d'olive et servez dans le plat de cuisson.

« Si les tomates sont trop rondes, inversez la coupe : taillez le chapeau dans la base du fruit et non à hauteur du pédoncule. Ainsi, la tomate ne se renversera pas durant la cuisson, grâce à sa bonne assise.

Dans la cuisine paysanne, on conserve le jus rendu des tomates que l'on laisse évaporer au soleil dans une casserole protégée d'un tissu. On obtient ainsi une sorte de croûte que l'on additionne à la sauce tomate, mouillée d'un peu d'eau, pour en renforcer le goût.

Il est indispensable de saler l'intérieur des tomates puis de laisser celles-ci s'égoutter à l'envers environ 30 min. Cela permet de « sécher » au maximum la chair avant cuisson et d'éviter que les tomates ne baignent dans leur jus à la cuisson. »

farcement de Robby

Ce plat peut faire penser à la farce utilisée pour les canards et les oies de Noël. Sauf que la volaille, ici, est absente et remplacée par des tranches de lard.

POUR 4 PERSONNES PRÉPARATION 25 MIN CUISSON ENVIRON 3 H REPOS 30 MIN

4 belles tranches de lard fumé ≈ 12 tranches de lard fumé très fines ≈ 800 g de pommes de terre (bintje de préférence) ≈ 1 gros œuf ≈ 3 cuil. à soupe de raisins secs ≈ 150 g de pruneaux ≈ 3 cuil. à soupe de beurre ≈ sel et poivre du moulin

Beurrez généreusement un moule à charlotte, tapissez le fond et les parois des fines tranches de poitrine fumée, en veillant à ce qu'elles dépassent du rebord. Entreposez 30 min au réfrigérateur.

Rincez les raisins sous l'eau chaude du robinet, égouttez-les. Lavez les pruneaux sous l'eau chaude du robinet, dénoyautez-les et hachez-les très grossièrement.

Ôtez la couenne des 4 tranches de lard fumé, détaillez-les en dés, et faites dorer ces lardons dans 2 cuillerées à soupe de beurre chaud. Épluchez les pommes de terre, râpez-les. Préchauffez le four à 130 °C (th. 4-5).

Dans un saladier, mélangez les pommes de terre avec les lardons, les raisins et les pruneaux ainsi que l'œuf légèrement battu, poivrez, salez légèrement, mélangez intimement et versez dans le moule.

Rabattez les fines tranches de lard par-dessus et couvrez d'une feuille de papier d'aluminium généreusement beurrée. Glissez au four et faites cuire au bain-marie de 2 h 30 à 3 h, en rajoutant de l'eau chaude si nécessaire pour le bain-marie.

Démoulez et servez chaud.

« En plaçant le moule au réfrigérateur, le beurre va durcir, de telle sorte que les tranches de lard adhéreront parfaitement aux parois.

Pour les débarrasser de leur pellicule de sucre, passez brièvement les pruneaux sous l'eau chaude, puis essuyez-les. »

salade de pousses d'épinard crues au lard

La cuisine des « herbes » fait souvent appel au lard du porc qui fournit à la fois le moelleux de la graisse fondue et l'appoint gustatif de la chair salée grillée. Un trait de bon vinaigre achève généralement la préparation.

POUR 4 PERSONNES PRÉPARATION 20 MIN CUISSON ENVIRON 15 MIN

175 g de poitrine fumée ≈ 400 g de pousses d'épinard bien fermes (ou tétragones) ≈ 4 œufs ≈ vinaigre de vin ≈ huile d'arachide ≈ sel et poivre du moulin

Faites durcir les œufs, écalez-les et hachez-les grossièrement. Lavez les pousses d'épinard à grande eau, équeutez-les, essorez-les soigneusement avant de les mettre dans un saladier.

Ôtez la couenne et taillez la poitrine fumée en petits dés, placez ces lardons dans une poêle avec 1 bonne cuillerée à soupe d'huile. Dès qu'ils commencent à colorer, déglacez avec 3 cuillerées à soupe de vinaigre, retirez du feu, laissez légèrment tiédir avant de verser sur les pousses d'épinard.

Mélangez, ajoutez les œufs durs hachés, rectifiez l'assaisonnement en huile, vinaigre, sel et poivre. Servez aussitôt.

« Le vinaigre versé bouillant sur les épinards les assouplit légèrement. On peut frotter le saladier d'ail ; on peut aussi remplacer les œufs durs par des œufs pochés... »

flan de légumes

Le flan, trop rapidement assimilé à un dessert, ne renie pourtant pas le salé : cette crème aux œufs, que le Moyen Âge déclina à profusion, se marie parfaitement avec les légumes.

POUR 4 PERSONNES
PRÉPARATION 25 MIN
CUISSON 1 H

- 2 aubergines moyennes
- 2 poivrons rouges
- 2 courgettes
- 4 tomates
- 2 oignons
- 4 gousses d'ail
- 1 branche de thym
- 30 cl de lait entier
- 4 œufs
- 150 g de farine
- 1 cuil. à soupe d'huile d'olive
- 1 cuil. à soupe de beurre
- sel et poivre du moulin

Lavez les aubergines, les poivrons et les courgettes. Ôtez le pédoncule des aubergines, épépinez les poivrons et coupez tous ces légumes en petits dés. Faites cuire 5 min à la vapeur, dans la Cocotte-Minute, les aubergines et les poivrons, puis ajoutez les courgettes et laissez cuire encore 5 min.
Épluchez et hachez les oignons et les gousses d'ail. Éliminez le pédoncule des tomates, coupez celles-ci en deux, pressez-les pour éliminer les pépins, et hachez-les grossièrement.
Faites fondre 5 min dans l'huile chaude les oignons hachés, ajoutez l'ail haché ainsi que les légumes cuits à la vapeur et faites cuire 5 min.
Ajoutez les tomates concassées, 1 bonne pincée de thym émietté, et laissez cuire encore 5 min, salez, poivrez. Préchauffez le four à 210 °C (th. 7).
Mélangez les œufs, la farine et le lait, salez, poivrez. Beurrez généreusement un plat à gratin, versez-y la pâte et les légumes. Glissez au four et laissez cuire environ 30 min.

« Que ce soit à la vapeur ou en cocotte, le temps de cuisson des courgettes est toujours beaucoup plus court. Attention, les courgettes ne s'épluchent pas, sinon elles perdent toute tenue et sont bien moins goûteuses. Pour que les légumes ne tombent pas au fond du plat, versez d'abord le tiers de la pâte dans le plat, faites cuire 2 min au four le temps que la pâte se solidifie légèrement, puis ajoutez les légumes et le restant de pâte. »

girolles au lard

De tout temps le bon gourmet n'a jamais hésité devant un plat de girolles, fussent-elles au lard. Surtout si on les a lavées, mieux vaut, un instant, leur faire suer une première eau : elles n'en seront que plus imprégnées des sucs du lard.

POUR 4 PERSONNES
PRÉPARATION 15 MIN
CUISSON 12 MIN

800 g de girolles
200 g de poitrine fumée
3 oignons nouveaux
20 cl de crème fraîche liquide
1 grosse cuil. à soupe de beurre
1 cuil. à soupe d'huile d'arachide
sel et poivre du moulin

Coupez le bout terreux et lavez brièvement les girolles sous l'eau du robinet, égouttez-les. Selon leur grosseur, laissez-les entières ou taillez-les en deux, dans la hauteur.

Ôtez la couenne et coupez la poitrine fumée en dés. Épluchez et taillez les oignons nouveaux en fines rondelles. Faites chauffer le beurre et l'huile dans une poêle. Quand le mélange est bien chaud, mettez-y les lardons et faites-les revenir 2 min, en remuant à l'aide d'une spatule.

Ajoutez les girolles, laissez cuire de 5 à 7 min, en mélangeant bien, jusqu'à ce que le jus de végétation soit évaporé, puis ajoutez la crème fraîche et les oignons.

Faites réduire 1 min sur feu vif, rectifiez l'assaisonnement et servez.

« Préférez les petites girolles aux grosses : elles restent plus fermes et rendent moins d'eau à la cuisson. La recette originale comporte du fromage râpé dont on saupoudre les girolles en fin de cuisson. Mais ce n'est pas indispensable. »

poireaux à la savoyarde

Ce grand classique de la cuisine paysanne de Savoie est trop souvent dénaturé par du gruyère râpé alors que les seuls fromages utilisés par les puristes sont le beaufort et la tomme.

POUR 4 PERSONNES
PRÉPARATION 20 MIN
CUISSON 45 MIN

- 2 kg de poireaux
- 1 gousse d'ail
- 6 cuil. à soupe de beaufort râpé ou de tomme d'Abondance
- 4 cuil. à soupe de crème fraîche
- 6 cuil. à soupe de chapelure
- 100 g de beurre
- 1 cuil. à soupe d'huile d'arachide
- 1 pincée de noix de muscade
- gros sel, sel fin et poivre du moulin

Éliminez la majeure partie du vert et fendez les poireaux en quatre, lavez-les à l'eau tiède. Faites-les cuire de 30 à 40 min dans une grande casserole d'eau salée, égouttez-les, pressez-les dans la main pour extraire le maximum d'eau et hachez-les grossièrement au couteau.

Faites chauffer dans une poêle la moitié du beurre et l'huile d'arachide. Dès que le mélange est mousseux, mettez-y la chapelure et mélangez 30 secondes à la spatule le temps qu'elle blondisse. Retirez du feu.

Préchauffez le four à 180 °C (th. 6).

Frottez les parois d'un plat à gratin avec la gousse d'ail coupée en deux, puis beurrez généreusement le plat. Étalez-y une couche de poireaux hachés, saupoudrez de 3 cuillerées à soupe de chapelure et autant de beaufort râpé, poivrez, recouvrez d'une couche de poireaux, puis du reste de fromage râpé et de chapelure, et terminez par une dernière couche de poireaux. Parsemez de petites noisettes de beurre, glissez au four et laissez cuire 20 min.

Parfumez la crème fraîche de noix de muscade. Servez le gratin et nappez chaque part de 1 cuillerée à soupe de crème fraîche.

« Si vous utilisez du gruyère à la place du beaufort, mélangez-le à du parmesan râpé pour obtenir un meilleur résultat. À défaut de râpe à muscade, on peut employer un couteau économe. Ces petites brisures de muscade sont appréciées par beaucoup d'amateurs. »

mousserons en barbouillette

Une poignée de champignons des prés, recueillis dans un mouchoir, et des œufs frais, pondus de poules qui chantent et se trahissent, sont nécessaires pour ce retour de chasse.

POUR 4 PERSONNES

PRÉPARATION 10 MIN

CUISSON 20 MIN

300 g de mousserons (rosés des prés)

10 brins de cerfeuil

8 œufs

2 cuil. à soupe de crème fraîche épaisse

4 cuil. à soupe de beurre ramolli

sel et poivre du moulin

Équeutez, lavez, essorez et ciselez le cerfeuil. Nettoyez les mousserons et poêlez-les rapidement dans 2 cuillerées à soupe de beurre chaud, poivrez et salez en fin de cuisson.

Battez les œufs à la fourchette, salez, poivrez. Beurrez très généreusement une casserole, versez-y les œufs et faites-les cuire environ 10 min au bain-marie, sans cesser de mélanger avec la spatule.

Dès que les œufs commencent à bien prendre, ajoutez les mousserons. Incorporez la crème fraîche, rectifiez l'assaisonnement, parsemez de cerfeuil ciselé et servez aussitôt.

« Vous pouvez ramollir le beurre en le plaçant près d'un radiateur ou, procédé encore plus rapide, en faisant fondre le tiers sur feu doux avant de le verser sur le beurre restant et de malaxer l'ensemble à la fourchette. Si les mousserons sont bien frais, contentez-vous d'ôter le bout terreux du pied. Ils n'ont pas besoin d'être nettoyés d'avantage.

Pour être réussis, des œufs brouillés doivent avoir cuit le plus lentement possible au bain-marie. Cela peut prendre parfois jusqu'à 15 min. S'ils cuisent trop rapidement, plongez immédiatement la casserole dans de l'eau froide et incorporez 1 autre œuf battu. Une fois qu'ils sont à point, on stoppe leur cuisson en incorporant de la crème fraîche. »

biguénée aux pousses d'épinard

Cette crêpe riche aux lardons est universelle. Seul son accompagnement de pousses d'épinard (ou de choux) la fait vendéenne de la Plaine.

POUR 4 PERSONNES PRÉPARATION 30 MIN CUISSON 15 MIN REPOS 2 H

250 g de poitrine fumée ≈ 300 g de pousses d'épinard ≈ 40 cl de lait ≈ 3 œufs ≈ 200 g de farine ≈ vinaigre ≈ huile d'arachide ≈ 3 cuil. à soupe de beurre ≈ sel et poivre du moulin

Préparez la pâte à crêpes : dans un saladier, mélangez à l'aide d'une spatule la farine avec les œufs et 1 pincée de sel, et incorporez petit à petit le lait jusqu'à obtention d'une pâte bien lisse. Faites fondre 1 grosse cuillerée à soupe de beurre et, quand il est noisette, ajoutez-le dans la pâte. Laissez reposer celle-ci 2 h à température ambiante.

Équeutez, lavez et essorez les pousses d'épinard. Ôtez la couenne et détaillez la poitrine fumée en dés. Faites dorer 1 min les lardons à l'huile d'arachide, puis ajoutez-les dans la pâte à crêpes. Récupérez la graisse de cuisson. Faites fondre un peu de beurre dans la poêle et confectionnez les crêpes au fur et à mesure.

Confectionnez la vinaigrette, incorporez-y la graisse de cuisson des lardons et assaisonnez-en les pousses d'épinard. Présentez les crêpes dans les assiettes coiffées d'un bouquet de pousses d'épinard.

« La pâte à crêpes ne doit pas être trop liquide. Pour vous en assurer, trempez une louche dans la pâte, puis passez le doigt sur le dos : la trace doit demeurer nette. »

carottes aux marrons

Cette recette prouve que la gastronomie peut survivre dans la forêt primitive, à condition de trouver quelques carottes et d'avoir fait une provision de châtaignes.

POUR 4 PERSONNES PRÉPARATION 30 MIN
CUISSON 1 H 15

Pour le bouillon de légumes : 3 carottes ≈ 1 blanc de poireau ≈ 1 gousse d'ail ≈ 1 échalote ≈ 1 bouquet garni ≈ 15 cl de vin blanc sec

500 g de carottes ≈ 500 g de marrons ≈ 3 échalotes ≈ 1 bouquet garni ≈ 1 cuil. à soupe de farine ≈ 2 bonnes cuil. à soupe de beurre ≈ 5 morceaux de sucre ≈ sel et poivre du moulin

Confectionnez le bouillon : dans une casserole, placez tous les légumes préalablement épluchés et taillés en rondelles, le bouquet garni et le vin blanc, versez 2 litres d'eau (ne salez et ne poivrez surtout pas !) et portez à ébullition. Laissez cuire 35 min, filtrez dans une passoire fine, et faites réduire de moitié sur feu vif.

Incisez les marrons sur toute leur circonférence à la pointe du couteau, plongez-les 5 min dans une casserole d'eau bouillante, égouttez-les, puis retirez-en l'écorce. Plongez-les à nouveau 3 min dans l'eau bouillante, égouttez-les brièvement avant d'ôter la petite peau blanche qui les recouvre.

Épluchez et taillez les carottes en rondelles d'environ 1 cm d'épaisseur. Pelez et hachez les échalotes. Préchauffez le four à 180 °C (th. 6). Faites fondre le beurre dans une cocotte allant au four. Dès qu'il est mousseux, mettez-y les échalotes hachées, les morceaux de sucre, salez, poivrez et laissez suer, en remuant, jusqu'à légère coloration.

Ajoutez les carottes et le bouquet garni, faites cuire 5 min en remuant, puis ajoutez les marrons, saupoudrez de la farine tamisée, et laissez colorer 5 min, en mélangeant bien.

Mouillez avec 70 cl de bouillon de légumes, couvrez la cocotte, glissez au four et laissez cuire 35 min (en rajoutant du bouillon, si nécessaire, en cours de cuisson). Rectifiez l'assaisonnement et servez.

« N'hésitez pas à inciser profondément les marrons, ils n'en seront que plus faciles à éplucher. La petite peau ne s'enlève que lorsque les marrons sont chauds. Ne les mettez donc pas tous en même temps dans l'eau bouillante, mais procédez par petites quantités. »

gratin à la forestière

Préparé avec tout ce qui est comestible dans la grande forêt nourricière, ce gratin a manqué au père du Petit Poucet pour éviter le drame que l'on connaît.

POUR 4 PERSONNES PRÉPARATION 30 MIN
CUISSON 45 MIN
800 g de pommes de terre ≈ 600 g de cèpes frais ≈ 2 gousses d'ail ≈ 1 branche de thym ≈ 1 feuille de laurier ≈ 1 litre de lait entier ≈ 4 cuil. à soupe de crème fraîche épaisse ≈ 2 cuil. à soupe de gruyère râpé ≈ 1 cuil. à soupe de parmesan râpé ≈ 1 cuil. à soupe d'huile d'olive ≈ 1 cuil. à soupe de beurre ≈ sel et poivre du moulin

Pelez et détaillez les pommes de terre en rondelles. Pelez 1 gousse d'ail, coupez-la en deux pour éliminer le germe qui est indigeste. Placez les pommes de terre dans une grande casserole, versez le lait, ajoutez la gousse d'ail, le thym émietté, le laurier, salez, poivrez. Portez à ébullition et laissez frémir 20 min.
Éliminez le bout terreux des pieds et essuyez les cèpes à l'aide d'un linge humide, taillez-les en lamelles. Pelez, dégermez et hachez la seconde gousse d'ail. Poêlez 2 min les cèpes sur feu vif, dans l'huile d'olive chaude, ajoutez au dernier moment l'ail, mélangez, salez, poivrez.
Préchauffez le four à 180 °C (th. 6).
Retirez délicatement les pommes de terre, éliminez la feuille de laurier et faites réduire des deux tiers le lait de cuisson sur feu vif. Ajoutez la crème fraîche et portez 2 min à ébullition.
Dans un plat à gratin généreusement beurré, étalez une couche de pommes de terre, une couche de cèpes et ainsi de suite, en terminant par une couche de pommes de terre. Saupoudrez d'un mélange de gruyère et de parmesan râpés, glissez au four et laissez cuire de 20 à 30 min. Servez aussitôt.

« Les pommes de terre doivent être encore fermes au terme de la cuisson. Vérifiez-en la cuisson en les piquant régulièrement de la pointe du couteau en cours de cuisson.
Lorsque c'est la saison, on trouve sur les marchés de gros cèpes à bon prix. Ils conviennent parfaitement à un gratin ! Si vous utilisez des cèpes séchés, veillez, lors de l'achat, à ce que le fond du sachet ne renferme pas de poussière. Celle-ci indique en effet que les champignons ont été mis en sachet de longue date, ou alors qu'ils n'étaient pas sains, le temps comme les vers réduisant les champignons en poussière. »

poivrons farcis au fromage, sauce tomate

Venu d'ailleurs comme la tomate et la pomme de terre, le poivron, rouge ou vert, s'est répandu dans toute l'Europe comme curiosité puis comme accompagnement avant de constituer un plat en lui-même.

POUR 4 PERSONNES PRÉPARATION 15 MIN CUISSON ENVIRON 30 MIN

4 poivrons (2 rouges et 2 verts ou jaunes) ≈ 800 g de tomates bien mûres ≈ 1 oignon ≈ 1 gousse d'ail ≈ 1 branche de thym ≈ 1 feuille de laurier ≈ 250 g de fromage blanc (faisselle) ≈ 100 g de gruyère râpé ≈ environ 5 cl de lait ≈ 2 œufs ≈ 1 grosse cuil. à soupe de farine ≈ 1 cuil. à soupe de concentré de tomates ≈ 1 grosse cuil. à soupe de beurre ≈ huile d'olive ≈ sel et poivre du moulin

Lavez les poivrons, éliminez le pédoncule, coupez-les en deux et retirez-en les pépins et les filaments blancs. Dans un saladier, malaxez le fromage blanc à la fourchette avec la farine et les œufs, mouillez d'un peu de lait et fouettez jusqu'à consistance d'une sauce béchamel épaisse, salez, poivrez.

Préchauffez le four à 180 °C (th. 6). Garnissez les poivrons de la farce au fromage blanc, déposez-les dans un plat à gratin très généreusement beurré, glissez au four et faites cuire environ 30 min.

Éliminez le pédoncule puis lavez et coupez les tomates en quartiers. Mettez-les dans une casserole avec l'oignon et l'ail pelés et hachés finement, la feuille de laurier, le thym émietté, salez, poivrez, ajoutez une giclée d'huile d'olive. Laissez compoter environ 20 min sur feu doux, puis ajoutez le concentré de tomates, rectifiez l'assaisonnement.

En fin de cuisson, parsemez les poivrons de gruyère râpé, mettez à gratiner 3 min sous le gril du four, et servez avec la sauce tomate.

« À moins qu'elles ne soient mûres et très goûteuses, renforcez toujours la sauce faite à partir de tomates fraîches par du concentré de tomates. Veillez cependant à ne pas trop en mettre, de façon que son goût très envahissant ne vienne pas contrarier le parfum des tomates fraîches. »

daussade au fromage blanc

De toujours, les paysans ont su relever la neutralité de la matière première qu'est le lait caillé. En Bourgogne, on nomme cette préparation « claque-bitou ».

POUR 4 PERSONNES PRÉPARATION 5 MIN

1/2 cœur de laitue ≈ 3 oignons nouveaux ≈ 4 cuil. à soupe de fromage blanc (faisselle ou saint-florentin) ≈ 3 cuil. à soupe de crème fraîche épaisse ≈ 1 pain de campagne ≈ 1 cuil. à soupe (ou plus selon votre goût) de bon vinaigre de vin ≈ gros sel, sel et poivre du moulin

Mélangez dans un saladier le fromage blanc et la crème fraîche, salez au sel fin, poivrez. Hachez finement les oignons nouveaux (y compris un peu de vert) ainsi que la moitié du cœur de laitue. Incorporez la crème, ajoutez le vinaigre, mélangez délicatement et rectifiez l'assaisonnement selon votre goût.

Découpez de belles tranches de pain de campagne, faites-les griller, puis tartinez-les de cette préparation au fromage blanc. Assaisonnez de gros sel et donnez un tour de moulin à poivre.

« Vous pouvez remplacer le cœur de laitue par des fines herbes, finement ciselées, et les oignons par autant d'échalotes grises. »

farcachi de tartifle au reblochon

Au retour d'une randonnée aux Aravis, il ne faut jamais hésiter devant ce mets de montagnard, sûr de lui et de son fromage.

POUR 4 PERSONNES
PRÉPARATION 25 MIN
CUISSON ENVIRON 40 MIN

- 200 g de poitrine fumée
- 800 g de pommes de terre
- 1 oignon
- 1 reblochon
- 10 cl de crème fraîche liquide
- 150 g de beurre
- 20 cl de vin blanc sec (apremont de préférence)
- sel et poivre du moulin

Lavez soigneusement les pommes de terre, mettez-les dans une casserole d'eau froide légèrement salée, portez à ébullition et laissez cuire 25 min.

Épluchez et hachez finement l'oignon, faites-le fondre 3 min dans 1 noix de beurre, mouillez de vin blanc et laissez réduire jusqu'à ce qu'il ne reste plus que 2 cuillerées à soupe de compote d'oignon.

Ôtez la couenne et taillez la poitrine fumée en dés. Faites revenir les lardons 2 min dans une poêle à revêtement antiadhésif.

Préchauffez le four à 210 °C (th. 7).

Pelez les pommes de terre, détaillez-les en rondelles d'environ 1 cm d'épaisseur. Dans une poêle allant au four, poêlez les pommes de terre dans le reste de beurre, ajoutez les lardons et la compote d'oignon. Laissez refroidir avant d'incorporer la crème fraîche.

Grattez superficiellement la croûte du reblochon, coupez le fromage en deux disques, coiffez-en les pommes de terre, croûte en dessous. Couvrez d'une feuille de papier d'aluminium, glissez au four et laissez cuire 10 min.

Sortez du four, retirez le papier d'aluminium, mélangez délicatement à la fourchette, rectifiez l'assaisonnement, puis versez dans un moule et faites gratiner 5 min sous le gril du four.

« Pour éviter que la queue de la poêle ne soit endommagée par la chaleur du four, enveloppez-la de plusieurs épaisseurs de papier d'aluminium. Pour obtenir des disques réguliers et de même épaisseur, disposez parallèlement, de part et d'autre du reblochon, deux petits taquets de bois, hauts comme la moitié de l'épaisseur du fromage. En prenant appui sur eux, taillez le fromage à l'aide d'un couteau. Cette méthode s'applique également à la découpe d'une génoise en plusieurs disques. »

œufs frits, sauce tomate

Très prisés jadis, les œufs frits disparaissent de nos assiettes, jugés trop fermes ou secs. Cependant, un œuf frit ne se sert pas tel quel. L'œuf frit a pour vocation d'accompagner un plat en sauce, mariage où il fait merveille.

POUR 4 PERSONNES
PRÉPARATION 15 MIN
CUISSON ENVIRON 25 MIN

- 8 œufs
- 800 g de tomates bien mûres
- 1 oignon
- 1 botte de basilic
- 1 gousse d'ail
- 1 branche de thym
- 1 feuille de laurier
- 1 cuil. à soupe de concentré de tomates
- 20 cl d'huile d'arachide (ou de friture)
- sel et poivre du moulin

Équeutez, lavez, essorez et ciselez environ 20 feuilles de basilic. Lavez les tomates, éliminez-en le pédoncule, taillez-les en quartiers. Épluchez et hachez l'oignon, épluchez la gousse d'ail, coupez-la en deux pour éliminer le germe.

Placez tous ces ingrédients dans une casserole, ajoutez le concentré de tomates, la branche de thym, la feuille de laurier, salez, poivrez. Portez à ébullition et faites frémir environ 15 min, à couvert, en remuant de temps à autre. Découvrez et faites réduire la sauce environ 5 min sur feu vif, en remuant, jusqu'à épaississement.

Retirez le thym et le laurier, passez la sauce tomate dans une passoire, puis reversez-la dans la casserole. Rectifiez l'assaisonnement.

Cassez les œufs un à un au-dessus de l'huile chaude (utilisez une friteuse ou, à défaut, un caquelon), laissez-les frire environ 2 min, tout en les retournant. Quand ils sont bien colorés, égouttez-les sur du papier absorbant.

Faites réchauffer la sauce tomate quelques instants sur feu doux. Servez les œufs frits nappés de sauce tomate et parsemés de basilic ciselé.

« Le concentré de tomates renforce le parfum des tomates fraîches. On peut s'en passer si les tomates sont très parfumées.
Passer la sauce tomate à la passoire est affaire de goût, certaines personnes n'appréciant guère la peau des tomates. Mais cela ôte de la « rusticité ».
Pour tourner l'œuf dans l'huile de friture afin qu'il soit uniformément frit, maintenez-le en « sandwich » entre deux cuillères en bois et non pas en métal, sinon les œufs colleraient. »

fondue

Voici un plat venu du fond des âges, un plat autour duquel bavarder nuit : cela fait perdre des bouchées.

POUR 4 PERSONNES PRÉPARATION 15 MIN CUISSON 10 MIN

200 g de beaufort ≈ 200 g d'emmenthal ≈ 200 g de comté ≈ 40 cl de vin blanc de Savoie (apremont de préférence) ≈ 1 cuil. à café de kirsch ou de bonne eau-de-vie de prune ≈ 1 gousse d'ail ≈ poivre (facultatif)

Râpez tous les fromages, frottez longuement jusqu'à mi-hauteur les parois du caquelon électrique avec la gousse d'ail pelée et coupée en deux. Positionnez le thermostat au maximum.

Versez le vin blanc dans le caquelon. Dès qu'il commence à frémir, incorporez les fromages râpés et faites cuire environ 10 min, sans cesser de remuer, jusqu'à parfaite homogénéité.

Parfumez avec le kirsch, poivrez éventuellement et servez, avec des cubes de pain à côté. Baissez le thermostat en cours de dégustation.

« Dessinez des « 8 » avec la spatule en bois, en allant bien au fond du caquelon. Si la fondue est trop liquide, rajoutez du fromage râpé ; si elle est trop épaisse, ajoutez du vin blanc bouillant. Si elle tourne, montez le thermostat au maximum et fouettez-la vivement, en incorporant éventuellement un peu de Maïzena délayée dans quelques cuillerées à soupe de vin blanc. »

omelette aux boutons de pissenlit

Quand on a laissé passer la saison des pissenlits tendres... et avant que les fleurs ne deviennent akènes, ces boules de « plumes » légères qui sèment à tout vent.

POUR 4 PERSONNES

PRÉPARATION 10 MIN

CUISSON 10 MIN

TREMPAGE 12 H

- 2 poignées de boutons de pissenlit
- 8 œufs
- 20 cl de lait
- 1 cuil. à soupe de crème fraîche épaisse
- 2 cuil. à soupe de beurre
- sel et poivre du moulin

La veille, lavez et égouttez les boutons de pissenlit, et mettez-les à tremper dans un bol de lait au réfrigérateur.

Le jour même, cassez les œufs puis battez-les quelques secondes à la fourchette, incorporez la crème fraîche, salez et poivrez. Égouttez les boutons de pissenlit sur du papier absorbant, puis faites-les suer à couvert, environ 5 min sur feu doux, dans 1 cuillerée à soupe de beurre, salez, poivrez.

Faites fondre le beurre restant dans une grande poêle, versez-y les œufs battus. Quand l'omelette est cuite, garnissez-la des boutons de pissenlit égouttés, repliez et servez aussitôt.

« Faire tremper les boutons de pissenlit dans le lait adoucit leur amertume. On peut ajouter 100 g de lardons à cette omelette ; on peut également la servir arrosée d'un trait de vinaigre. »

œufs au plat aux rillettes

La rillette fondue fait le gras. La rillette est obtenue par une cuisson longue de viandes fines, salées et aromatisées, du porc ou de l'oie. Ces viandes se défont en civet et se conservent, froides, dans leur graisse.

POUR 4 PERSONNES

PRÉPARATION 5 MIN

CUISSON 5 MIN

8 œufs extra-frais

4 cuil. à soupe de rillettes d'oie (ou de porc)

sel et poivre du moulin

Faites fondre les rillettes dans une poêle bien chaude, cassez les œufs dessus, salez, poivrez et servez aussitôt.

« Pour une présentation individuelle, on peut cuire les œufs au four dans des plats en porcelaine, mais la chaleur du four voilera les jaunes. Pour ne pas « salir » le jaune et le blanc de l'œuf, pensez à saler le blanc et à poivrer le jaune. »

pela

La pela est une variante de la tartiflette. La pela des Aravis doit son nom à la poêle, la *pela*, dans laquelle on la préparait. Elle est également connue sous le nom de « fricassée de reblochon ».

POUR 4 PERSONNES PRÉPARATION 15 MIN CUISSON 20 MIN

1 petit reblochon de 300 g environ ≈ 800 g de pommes de terre (de préférence charlotte) ≈ 1 oignon ≈ 50 g de beurre ≈ 2 cuil. à soupe d'huile d'arachide ≈ sel et poivre du moulin

Préchauffez le four à 200 °C (th. 6-7).

Pelez et émincez l'oignon en rondelles, éliminez la croûte du reblochon. Épluchez et taillez les pommes de terre en fines rondelles.

Faites chauffer l'huile et le beurre dans une sauteuse allant au four, mettez-y les pommes de terre, salez, poivrez. Lorsqu'elles commencent à dorer, ajoutez l'oignon et laissez cuire jusqu'à belle coloration, en remuant délicatement à l'aide d'une spatule.

Coiffez du reblochon, glissez au four, laissez cuire environ 5 min, le temps que le reblochon nappe les pommes de terre et colore légèrement. Donnez un tour de moulin à poivre et servez immédiatement.

« L'adjonction d'huile pour que le beurre noircisse moins n'est qu'un pis-aller. Le mieux, lorsqu'on fait sauter des pommes de terre, est d'utiliser du beurre clarifié. Pour cela, faites fondre 250 g de beurre (au moins) au bain-marie, écumez les impuretés qui remontent en surface, puis, à l'aide d'une louche, versez le beurre « pur » dans un récipient, en veillant à ne pas entraîner le petit-lait qui reste au fond. Le beurre clarifié peut se préparer en quantité, dans la mesure où il se conserve très bien au réfrigérateur. Jadis, on le gardait dans un pot en grès. »

gâteau d'omelettes froides

Idéal pour un repas d'été, ce gâteau d'omelettes variera selon les légumes du marché, et au gré de sa propre inspiration. Il est préférable de le confectionner pour plus de quatre personnes.

POUR 8 PERSONNES PRÉPARATION 30 MIN CUISSON 30 MIN RÉFRIGÉRATION 12 H

200 g d'épinards ou de bettes ≈ 200 g de poivrons rouges et verts ≈ 100 g de courgettes ≈ 100 g d'aubergine ≈ 200 g de petits pois écossés ≈ 200 g d'oignons ≈ 18 œufs ≈ fines herbes au choix ≈ huile d'olive ≈ 8 cuil. à soupe de beurre ≈ 1 pincée de sucre semoule ≈ gros sel, sel fin et poivre du moulin

Pour la sauce tomate : 1,5 kg de tomates bien mûres ≈ 2 oignons ≈ 1 feuille de laurier ≈ 1 branche de thym ≈ 1 pincée de sucre semoule

La veille, retirez le pédoncule et lavez les tomates, détaillez-les en quartiers. Épluchez et hachez finement les oignons. Mettez les tomates et les oignons dans une casserole avec le thym et le laurier, salez, poivrez, ajoutez un bon trait d'huile d'olive, la pincée de sucre, et laissez compoter environ 20 min à couvert, sur feu doux.

Faites ensuite réduire à découvert jusqu'à épaississement, sur feu vif, en remuant à l'aide d'une spatule. Rectifiez l'assaisonnement, tamisez la purée de tomates dans une passoire en écrasant bien la pulpe avec le dos d'une cuillère (si la sauce s'avère encore trop liquide, faites-la réduire légèrement ; si elle est trop épaisse, détendez-la avec un peu d'eau ou d'huile d'olive).

Préparez les légumes : faites blanchir quelques minutes à l'eau bouillante les épinards ou les bettes, essorez-les soigneusement, hachez-les grossièrement, poêlez-les au beurre, salez, poivrez. Lavez l'aubergine et les courgettes, détaillez-les en dés, poêlez-les au beurre ou à l'huile d'olive, salez, poivrez.

Équeutez, lavez, essorez et hachez les fines herbes de façon à en obtenir 2 cuillerées à soupe.

Faites cuire les petits pois dans un fond d'eau salée additionnée de 1 cuillerée à café de beurre et d'un peu de sucre. Passez les poivrons sous le gril du four en les retournant jusqu'à ce qu'ils soient complètement noircis, pelez-les et détaillez-les en dés. Épluchez et émincez finement les oignons et mettez-les à colorer légèrement dans une noix de beurre, salez, poivrez.

Confectionnez les omelettes : cassez 3 œufs dans un bol, salez, poivrez, battez à la fourchette et ajoutez un légume, mélangez. Faites fondre 1 cuillerée à soupe de beurre dans la poêle chaude, versez les œufs battus. Déposez l'omelette une fois cuite sur une assiette.

Procédez ainsi pour toutes les omelettes, en les empilant les unes sur les autres au fur et à mesure. Recouvrez ce gâteau d'omelettes d'un film alimentaire et entreposez au frais toute la nuit.

Le jour même, découpez-le en tranches épaisses et nappez de sauce tomate.

« Quand vous procédez au « montage » des omelettes, jouez avec la couleur des légumes, de manière que le gâteau soit le plus joli possible à la découpe. On peut également inclure une omelette farcie d'olives noires. »

tarte au chèvre

Sans long discours, cette recette explique pourquoi les pays de chèvres sont toujours des pays de noyers.

POUR 4 PERSONNES PRÉPARATION 20 MIN CUISSON 35 MIN REPOS 30 MIN

2 fromages de chèvre frais (soit environ 250 g) ≈ 150 g de poitrine de lard fumé ≈ 2 cuil. à soupe de crème fraîche épaisse ≈ 300 g de pâte brisée surgelée ≈ 3 œufs ≈ 2 cuil. à soupe de farine ≈ 1 cuil. à café de beurre ≈ sel fin, poivre du moulin

Sur un plan de travail fariné, étalez la pâte brisée, puis déposez-la dans un moule d'environ 22 cm de diamètre, beurré et fariné. Festonnez les bords et entreposez 30 min au réfrigérateur.

Passez les chèvres frais dans une passoire fine au-dessus d'un saladier. Incorporez les œufs, battez au batteur électrique, ajoutez la crème fraîche, redonnez un bon coup de batteur. Rectifiez très légèrement l'assaisonnement.

Préchauffez le four à 210 °C (th. 7).

Détaillez la poitrine fumée en petits lardons. Piquez le fond de tarte avec les dents d'une fourchette, versez-y la préparation au chèvre, puis dispersez les lardons dessus. Glissez au four et faites cuire de 25 à 35 min.

Laissez tiédir et servez accompagné d'une salade assaisonnée à l'huile de noix.

« Pour que le beurre forme une pellicule uniforme sur les parois du moule, le mieux est de chauffer ce dernier 1 min au four avant de le beurrer.

Festonner la pâte consiste à marteler les bords, l'index replié, puis à éliminer l'excédent en passant le rouleau à pâtisserie sur l'arête du moule. Pour égaliser les festons, pincez ensuite la pâte entre les pouces.

Pour ne pas rancir, l'huile de noix doit être conservée au réfrigérateur. N'en achetez que par petites quantités. Comme elle est très puissante en goût, il est préférable de la couper d'huile d'arachide. »

omelette aux asperges sauvages

Si l'on en croit Rimbaud se promenant dans les Ardennes, l'enrichissement de l'œuf battu, cuit en omelette, est à l'origine de toute philosophie.

POUR 4 PERSONNES PRÉPARATION 10 MIN CUISSON 8 MIN

350 g d'asperges sauvages (ou 300 g de pointes d'asperge verte) ≈ 8 œufs ≈ 2 cuil. à soupe de crème fraîche épaisse ≈ 2 cuil. à soupe de beurre ≈ gros sel, sel fin et poivre du moulin

Lavez et épluchez les asperges, coupez-les en tronçons et faites-les cuire environ 5 min dans une grande casserole d'eau bouillante salée. Rafraîchissez aussitôt sous l'eau du robinet, laissez égoutter.

Cassez les œufs puis battez-les à la fourchette avec 1 bonne cuillerée à soupe de crème fraîche, salez, poivrez. Faites chauffer le beurre dans une poêle. Dès qu'il est mousseux, versez-y les œufs battus, laissez prendre 30 secondes, puis ajoutez les asperges.

En fin de cuisson, nappez du reste de crème fraîche, donnez un tour de moulin à poivre, pliez l'omelette et servez.

« Une omelette de 8 œufs est un maximum ; au-delà le résultat est beaucoup moins satisfaisant. »

raclette de Maman Veyrat

Conviviale et adorée des enfants, la raclette compte parmi les plats de cuisine paysanne à la mode. Je ne l'aime jamais tant que lorsque ma mère la prépare.

POUR 4 PERSONNES

PRÉPARATION 30 MIN

CUISSON 1 H 45

8 tranches de jambon de pays (non fumé)

8 tranches de jambon fumé

1 saucisson de montagne pur porc

12 pommes de terre moyennes

1 belle salade

1,4 kg de fromage à raclette

2 kg de gros sel

sel et poivre du moulin

Pour la vinaigrette :

1 cuil. à soupe d'huile d'olive

5 cuil. à soupe d'huile d'arachide

1 cuil. à soupe de vinaigre blanc

1 cuil. à soupe de vinaigre de vin rouge

4 cuil. à soupe de bouillon de légumes

1 orange

½ morceau de sucre

Préchauffez le four à 210 °C (th. 7).

Lavez et essuyez les pommes de terre. Tapissez un grand plat à gratin d'une couche de gros sel de 4 cm d'épaisseur. Enfouissez les pommes de terre dans ce lit de sel, recouvrez-les du sel restant, glissez au four et laissez cuire 1 h 45.

Ôtez la croûte du fromage, puis coupez une quarantaine de lamelles, épaisses de 1 cm, longues d'environ 6 cm et larges de 5 cm.

Préparez la vinaigrette avec les deux huiles, les deux vinaigres, le sucre frotté sur l'écorce de l'orange, le bouillon de légumes, mélangez, salez, poivrez.

Lavez et essorez la salade, assaisonnez-la de vinaigrette.

Détaillez le saucisson en très fines rondelles. Disposez les tranches de fromage à raclette dans les petits poêlons. Dès que le fromage a fondu, dégustez avec la charcuterie et la salade.

« Cuites dans le sel, les pommes de terre conservent tout leur parfum. Gardez ce sel, vous l'utiliserez pour d'autres raclettes !

Quand vous assaisonnez une salade, ayez toujours cet adage à l'esprit : « Il faut toujours quatre hommes pour faire une salade : un prodigue pour l'huile, un avare pour le vinaigre, un sage pour le sel et le poivre, et un fou pour la tourner ! »

tartiflette froide

Ce sympathique « petit plat » des Savoyards constituait également un « en-cas » providentiel lors des gros travaux dans les champs.

POUR 4 PERSONNES
PRÉPARATION 15 MIN
CUISSON 35 MIN

1 reblochon
150 g de poitrine fumée
12 pommes de terre moyennes (rattes de préférence)
1 petit oignon
30 cl de vin blanc sec
10 cl de crème fraîche liquide
50 g de beurre
sel et poivre du moulin

Brossez les pommes de terre sous l'eau du robinet, puis faites-les cuire environ 20 min à l'eau salée. Épluchez et coupez finement l'oignon, puis faites-le fondre 3 min au beurre, salez, poivrez, mouillez avec le vin blanc et faites réduire sur feu vif jusqu'à consistance sirupeuse.

Ôtez la couenne et détaillez la poitrine fumée en lardons. Placez ceux-ci dans une casserole d'eau froide, portez à ébullition et rafraîchissez aussitôt sous l'eau du robinet, laissez égoutter. Dans une poêle à revêtement anti-adhésif bien chaude, faites dorer 1 min les lardons, sans matière grasse.

Préchauffez le four à 180 °C (th. 6).

Épluchez les pommes de terre, taillez-les en dés. Mélangez les pommes de terre avec les oignons, les lardons et la crème fraîche, rectifiez l'assaisonnement. Versez cette préparation dans un plat beurré allant au four.

Ôtez la croûte du reblochon, coupez le fromage par le milieu de manière à obtenir deux cercles dont vous recouvrirez les pommes de terre. Glissez au four, faites cuire 10 min et laissez refroidir avant de servir.

« Conservez la couenne, elle vous servira à parfumer un plat de lentilles ou une daube. »

reblochon au four

Le meilleur des reblochons vient de la vallée de Manigod et du marché de Thônes. Au four, quand il a pris de l'âge, il retrouve sa saveur de « noisette ».

POUR 4 PERSONNES PRÉPARATION 5 MIN CUISSON 10 MIN REPOS 2 H

1 beau reblochon de 450 à 500 g ≈ 1 pain de campagne ≈ poivre du moulin

Éliminez la croûte supérieure du reblochon et laissez le fromage 2 h à température ambiante.

Découpez de belles tranches de pain de campagne et faites-les griller. Passez le reblochon 10 min sous le gril du four.

Servez le reblochon entier avec les tranches de pain de campagne grillées.

« Pour apprécier pleinement le goût du reblochon, vous donnerez un tour de moulin à poivre sur la tartine, juste avant de servir. »

sardines au gros sel

C'est bien la plus fruste des manières d'accommoder la sardine, mais elle exige un poisson d'une extrême fraîcheur, ce qui n'est guère possible qu'en mer ou sur la côte, à l'arrivée des bateaux.

POUR 4 PERSONNES PRÉPARATION 15 MIN

16 sardines ≈ beurre salé ≈ 1 pain de campagne ≈ gros sel

Une fois les sardines écaillées, levez les filets, lavez-les sous l'eau du robinet et séchez-les sur du papier absorbant.

Découpez de belles tranches de pain de campagne et faites-les griller. Beurrez généreusement avant d'étaler les filets de sardine dessus, salez au gros sel et servez.

« Pour lever les filets, tenez la sardine d'une main et enfoncez le doigt dans le ventre, à la base de la tête, pour en retirer les viscères. Au niveau de la tête, pincez fortement l'arête, et faites coulisser les doigts de l'autre main le long de l'arête jusqu'à la queue. Étalez la sardine à plat, et éliminez arête et queue d'un coup de couteau. »

morue fraîche aux haricots blancs

Fraîche (cabillaud) ou sèche, la morue est poisson de carême, et les haricots blancs sont dits « petits moines » dans toutes les langues, même « régionales », depuis la Loire jusqu'à Gibraltar.

POUR 4 PERSONNES PRÉPARATION 25 MIN
CUISSON ENVIRON 1 H 30 RÉFRIGÉRATION 2 H

750 g de filet de cabillaud ≈ 500 g de haricots blancs ≈ 2 tomates ≈ 2 oignons ≈ 2 gousses d'ail ≈ 1 bouquet de persil ≈ 1 branche de thym ≈ 1 feuille de laurier ≈ huile d'olive ≈ 3 cuil. à soupe de beurre ≈ gros sel, sel et poivre du moulin

Salez au gros sel le filet de cabillaud, enveloppez-le de film alimentaire et placez-le 2 h au réfrigérateur. Dans le même temps, faites tremper les haricots blancs.
Épluchez et hachez les oignons et l'ail. Mettez les haricots dans une casserole, couvrez largement d'eau et portez doucement à ébullition. Ajoutez l'ail et les oignons hachés, le thym et la feuille de laurier, couvrez et laissez cuire environ 1 h sur feu doux en salant à mi-cuisson.
Équeutez, lavez, essorez et ciselez le persil. Rincez le cabillaud sous l'eau fraîche, laissez égoutter sur du papier absorbant. Plongez les tomates 15 secondes dans de l'eau bouillante, pelez-les et coupez-les en deux. Pressez-les pour en extraire les pépins et l'eau de végétation, hachez-les grossièrement.
Retirez les haricots blancs de la casserole, éliminez les aromates et faites réduire l'eau de cuisson sur feu très vif jusqu'à ce qu'il ne reste plus que quelques cuillerées de liquide sirupeux. Remettez les haricots dans la casserole puis, hors du feu, ajoutez le beurre. Mélangez délicatement, rectifiez l'assaisonnement et conservez au chaud.
Détaillez le filet de poisson en cubes, mettez ces derniers dans un saladier, versez dessus une giclée d'huile d'olive et mélangez.
Dans une poêle à revêtement antiadhésif chaude, faites cuire environ 2 min les cubes de cabillaud. Disposez-les sur les haricots et saupoudrez de persil ciselé et de tomates hachées. Servez aussitôt.

« Placer le filet de poisson 2 h au réfrigérateur est une astuce pour accentuer la saveur de la chair, tout en resserrant celle-ci. »

truite en feuille de chou

En Auvergne, le chou tient pour la truite le rôle de l'algue pour le poisson de mer en Bretagne. C'est, de loin, la meilleure façon de faire cuire du poisson en papillote que de l'envelopper dans une plante.

POUR 4 PERSONNES PRÉPARATION 30 MIN
CUISSON ENVIRON 25 MIN
4 truites vidées et parées par le poissonnier ≈ 1 chou frisé ≈ 3 échalotes ≈ le jus de 1 citron ≈ 20 cl de crème fraîche liquide ≈ 50 cl de vin blanc sec ≈ 2 cuil. à soupe de beurre ≈ gros sel, sel fin et poivre du moulin

Éliminez les feuilles abîmées et le trognon, mettez de côté 8 belles feuilles et coupez le chou en deux (vous en conserverez une moitié pour une autre recette) puis en gros quartiers, et émincez finement ceux-ci.

Mettez les feuilles de chou dans une grande casserole d'eau salée bouillante et faites-les blanchir 5 min, rafraîchissez-les sous l'eau du robinet, étalez-les sur du papier absorbant. Jetez les lanières de chou dans l'eau bouillante, faites-les également blanchir 5 min ; rafraîchissez sous l'eau froide, laissez égoutter.

Plongez 5 secondes 1 truite dans l'eau bouillante, pelez-la aussitôt, et recommencez l'opération pour les trois autres.

Préchauffez le four à 180 °C (th. 6).

Pelez et hachez les échalotes. Salez et poivrez l'intérieur et l'extérieur des truites, ajoutez une noix de beurre, farcissez-les d'un peu de chou haché bien égoutté. Éliminez la côte des feuilles de chou blanchies et égouttées de la pointe du couteau, puis enveloppez chaque truite dans 2 feuilles de chou.

Parsemez de hachis d'échalote un grand plat beurré allant au four, couchez-y les truites et garnissez de lanières de chou bien égouttées. Versez le vin blanc, salez, poivrez, arrosez de jus de citron. Glissez au four et faites cuire environ 10 min.

Sortez le plat du four, récupérez le jus de cuisson et versez-le dans une casserole. Couvrez les truites de papier d'aluminium, replacez le plat dans le four éteint, porte entrouverte. Faites réduire aux deux tiers le jus de cuisson sur feu vif, ajoutez-y la crème fraîche et faites encore réduire d'un tiers, salez, poivrez, nappez-en les poissons. Servez aussitôt.

« Le papier d'aluminium comporte une face mate et une autre brillante ; attention, c'est celle qui est mate qui doit être en contact avec l'aliment et non l'inverse ! La face brillante peut en effet l'oxyder. »

sandre aux cèpes

Le sandre a pris la place de l'alose dans les rivières et du brochet sur les tables. Son accompagnement naturel est le vin blanc.

POUR 4 PERSONNES
PRÉPARATION 30 MIN
CUISSON ENVIRON 20 MIN

4 filets de sandre d'environ 150 g chacun
150 g de poitrine fumée
800 g de cèpes
1 citron
3 échalotes
1/2 bouquet de persil
30 cl de crème fraîche
10 cl de vin blanc sec
2 cuil. à soupe de farine
3 cuil. à soupe d'huile d'olive
1 cuil. à soupe rase de beurre
sel et poivre du moulin

Effleurez du doigt les filets de sandre et retirez les arêtes qui pourraient subsister. Ôtez la couenne et taillez la poitrine fumée en très petits dés, placez ces lardons dans de l'eau froide, portez à ébullition et retirez aussitôt. Laissez égoutter.

Pelez et coupez finement les échalotes. Équeutez, lavez, essorez et ciselez le persil. Éliminez la partie terreuse des pieds puis essuyez les cèpes, détaillez-les en lamelles.

Faites suer 3 min les échalotes dans le beurre, en remuant à l'aide d'une spatule, versez le vin blanc et laissez réduire sur feu vif jusqu'à évaporation presque complète. Ajoutez la crème fraîche, faites réduire de moitié, salez, poivrez, citronnez au goût.

Salez, poivrez et farinez les filets de sandre. Faites chauffer 2 cuillerées à soupe d'huile d'olive dans une poêle à revêtement antiadhésif et poêlez-y 5 min les filets de sandre. Laissez-les à couvert, hors du feu : ils termineront ainsi leur cuisson.

Dans une autre poêle, faites revenir sur feu vif les cèpes dans un peu d'huile d'olive, salez, poivrez. Faites réchauffer doucement la sauce. Servez les filets de sandre avec quelques cèpes et la sauce à part, en saucière.

« Mal essoré, le persil s'agglutine lorsqu'on le hache, formant des petits paquets qui interdisent un persillage uniforme. Pour le débarrasser correctement de sa sève et de l'eau, on peut l'enfermer dans un linge propre et tordre vigoureusement. Mais attention à ne pas procéder trop à l'avance : le persil sèche très vite, même conservé au réfrigérateur. »

tielle

Agréable présentation des mets, la tielle est un plat originaire de Sète. La tourte possède l'avantage de constituer l'essentiel du repas.

Pour 4 personnes Préparation 40 min
Cuisson environ 1 h 40 Repos 30 min

1,5 kg de calmars ≈ 4 belles tomates bien mûres ≈ 1 oignon ≈ 3 gousses d'ail ≈ 1 douzaine de bonnes olives noires ≈ 1 branche de thym ≈ 400 g de pâte brisée surgelée ≈ 1 jaune d'œuf ≈ 1 cuil. à soupe de farine ≈ 1 cuil. à soupe de beurre ≈ 3 cuil. à soupe d'huile d'olive ≈ sel et poivre du moulin

Séparez la pâte brisée en deux morceaux et étalez ceux-ci en cercle sur le plan de travail fariné. Garnissez avec l'un un moule d'environ 22 cm de diamètre, beurré et fariné, piquez le fond à la fourchette. Entreposez le moule ainsi que le second cercle de pâte 30 min au réfrigérateur.

Nettoyez les calmars, détaillez-les en fines lanières puis en petits dés. Faites-les revenir 10 min sur vif dans 1 cuillerée à soupe d'huile d'olive chaude, salez, poivrez, en récupérant le jus rendu au cours de la cuisson. Faites ensuite réduire celui-ci jusqu'à léger épaississement.

Épluchez et hachez l'oignon et les gousses d'ail. Retirez le pédoncule et détaillez les tomates en quartiers. Dénoyautez les olives, hachez-les grossièrement.

Faites chauffer 2 cuillerées à soupe d'huile d'olive dans une cocotte, mettez-y l'oignon et l'ail hachés et faites suer 3 min, en remuant à l'aide d'une spatule. Ajoutez les tomates, les calmars, les olives, le thym émietté, salez, poivrez, versez 10 cl d'eau ainsi que le jus des calmars réduit. Laissez frémir 45 min, jusqu'à ce que les calmars soient bien tendres, en rajoutant de l'eau, si nécessaire, en cours de cuisson. Rectifiez l'assaisonnement.

Préchauffez le four à 180 °C (th. 6).

Placez les calmars dans le moule, badigeonnez la pâte d'un peu d'eau avant de recouvrir du second cercle de pâte, soudez bien les bords. Battez le jaune d'œuf avec 2 gouttes d'eau et badigeonnez-en la tourte. Glissez au four et faites cuire environ 40 min. Servez bien chaud.

« Pour nettoyer les calmars, commencez par séparer la tête de la poche (le corps) en tirant dessus ; coupez les tentacules, jetez la tête. Ouvrez la poche en deux d'un coup de couteau et passez-la sous l'eau du robinet, en l'écartant pour éliminer la couche blanchâtre et glaireuse à l'intérieur ainsi que le cartilage. Éliminez la pellicule noire qui recouvre parfois la poche, en grattant avec une éponge abrasive.

C'est le jus de cuisson des calmars, réduit ensuite, qui apporte au plat un parfum incomparable. Pour corser le goût, on peut également flamber les calmars au cognac en fin de cuisson. »

rillettes de maquereau

Les scombres forment une vaste famille à laquelle appartiennent thons et maquereaux, des poissons dont la chair hachée, forte en goût, demande un accompagnement de vin simple et corsé.

POUR 4 PERSONNES PRÉPARATION 5 MIN CUISSON 3 MIN RÉFRIGÉRATION 2 H

4 beaux filets de maquereau ≈ 2 cuil. à soupe de beurre ≈ 1 pain de campagne ≈ vinaigre de vin ≈ huile d'olive ≈ sel et poivre du moulin

Éliminez les dernières arêtes qui peuvent subsister dans les filets. Graissez, avec un tampon de papier absorbant imbibé d'huile d'olive, une poêle à revêtement antiadhésif et mettez-y les filets de maquereau à cuire 3 min, en les retournant à l'aide d'une spatule. Déglacez avec un filet de vinaigre de vin.

Mettez les maquereaux dans une terrine, salez, poivrez, puis écrasez-les à la fourchette avec le beurre. Rectifiez l'assaisonnement selon votre goût et placez 2 h au réfrigérateur.

Découpez de belles tranches de pain de campagne et faites-les griller. Servez les rillettes de maquereau avec celles-ci.

« Pour être certain de ne pas laisser d'arêtes, procédez de la façon suivante : faites, tout le long de la bande d'arêtes centrale, une entaille en « V » de chaque côté. Une fois cette bande retirée, coupez la queue, et éliminez d'un coup de couteau les arêtes restantes en bordure des filets.

N'hésitez pas à assaisonner plus que de raison. Une fois froid, tout aliment perd de sa puissance. »

harengs à l'huile, pommes de terre au genièvre

Le hareng a traversé les siècles et la mer du Nord. La pomme de terre en rondelles lui redonne une seconde jeunesse. De Dunkerque à la Frise, on le préfère adolescent, en matjes, avec des oignons frais.

POUR 4 PERSONNES PRÉPARATION 10 MIN CUISSON ENVIRON 25 MIN

8 filets de hareng à l'huile ≈ 800 g de pommes de terre d'égale grosseur ≈ 14 baies de genièvre ≈ 3 échalotes ≈ 1 oignon ≈ 6 cuil. à soupe d'huile d'arachide ≈ 2 cuil. à soupe de vinaigre de vin blanc ≈ gros sel, sel et poivre du moulin

Brossez les pommes de terre sous l'eau du robinet, faites-les cuire environ 25 min à l'eau bouillante salée (en comptant 1 cuillerée à soupe de gros sel par litre d'eau). Vérifiez-en la cuisson en les piquant de la pointe du couteau : les pommes de terre doivent rester fermes.

Pelez et coupez finement les échalotes, concassez les baies de genièvre. Épluchez et détaillez l'oignon en fines rondelles. Dans un bol, versez le vinaigre, ajoutez du sel, du poivre et les baies de genièvre concassées, fouettez, puis toujours sans cesser de fouetter, versez l'huile. Rectifiez l'assaisonnement.

Égouttez les pommes de terre, pelez-les, détaillez-les en rondelles, arrosez-les de vinaigrette et servez avec les harengs parsemés de rondelles d'oignon.

« Attention aux vieilles terrines en terre. Certaines conservent une odeur de rance qui dénature les aliments. Mieux vaut donc les remplacer. »

brochettes de moules au lard

Les grosses moules de Méditerranée fortement iodées s'accommodent merveilleusement de quelques copeaux de lard grillés à la braise.

POUR 4 PERSONNES PRÉPARATION 30 MIN CUISSON 10 MIN

48 moules d'Espagne ≈ 300 g de poitrine fumée ≈ le jus de ½ citron ≈ 2 échalotes ≈ 1 branche de romarin ≈ 10 cl de vin blanc ≈ 150 g de beurre ≈ sel et poivre du moulin

Dans une casserole, faites fondre très doucement le beurre avec 1 bonne pincée de romarin préalablement émietté et haché. Retirez du feu, salez, poivrez, ajoutez le jus de citron, couvrez et laissez infuser.

Nettoyez rapidement les moules sous l'eau du robinet, mettez-les dans la Cocotte-Minute, arrosez-les de vin, ajoutez 2 échalotes pelées et hachées, poivrez et laissez cuire environ 4 min, soit un peu plus qu'il ne faut pour les ouvrir, en brassant bien. Décoquillez les moules.

Ôtez la couenne et taillez la poitrine en lamelles pas trop épaisses. Mettez celles-ci dans une casserole d'eau froide, portez à ébullition, rafraîchissez aussitôt sous l'eau du robinet. Laissez égoutter.

Embrochez sur quatre piques les moules et les lamelles de lard blanchies, en les alternant, puis mettez-les à cuire 5 min sous le gril du four, ou au barbecue, en les arrosant régulièrement d'un peu de beurre de romarin. Servez et nappez du reste de beurre de romarin.

« Les moules ne doivent pas séjourner dans l'eau, sinon elles s'entrouvrent. Pour retirer le byssus – l'écheveau de filaments qui ressort de la coquille –, arrachez-le d'un coup sec en tirant vers la partie ronde de la coquille et non vers la pointe. Plutôt que des piques en bois, prenez de belles branches régulières de romarin. »

morue aux poireaux

La morue est arrivée d'Amérique avant la pomme de terre. Les pêcheurs normands, bretons, saintongeais et basques ont pris la route du nord de l'Atlantique bien avant que soit « découvert » le nouveau continent.

POUR 4 PERSONNES PRÉPARATION 30 MIN
CUISSON ENVIRON 40 MIN TREMPAGE 48 H

800 g de morue ≈ 4 beaux poireaux ≈ 3 échalotes ≈ 1 feuille de laurier ≈ 50 cl de crème fraîche liquide ≈ 75 cl de lait ≈ 1 bonne pincée de noix de muscade ≈ 1 pincée de piment de Cayenne

Quarante-huit heures à l'avance, mettez la morue à dessaler dans une grande bassine d'eau fraîche, en changeant régulièrement l'eau.

Le jour même, ébarbez les poireaux, éliminez les deux tiers du vert, puis incisez-les en quatre et lavez-les à l'eau tiède. Coupez les poireaux en tronçons, mettez-les dans le panier de la Cocotte-Minute et faites-les cuire environ 10 min à la vapeur.

Pelez et coupez finement les échalotes. Dans une casserole, faites réduire aux deux tiers la crème fraîche sur feu vif avec l'émincé d'échalote. Égouttez les poireaux, hachez-les, puis incorporez-les dans cette réduction de crème, parfumez de noix de muscade et pimentez (surtout ne salez pas !).

Placez la morue dessalée dans une casserole, recouvrez du lait, ajoutez le laurier et portez très doucement à ébullition. Retirez alors du feu, couvrez et laissez pocher 15 min. Effeuillez grossièrement la morue.

Préchauffez le four à 180 °C (th. 6).

Dans un plat à gratin, étalez la moitié de la préparation aux poireaux, puis l'effilochée de morue, recouvrez du reste des poireaux. Glissez au four et faites cuire 20 min. Servez accompagné de pommes de terre sautées.

« Afin que la morue ne baigne pas dans son sel, mettez-la à dessaler posée sur une passoire à pieds. Lors de la cuisson de la morue, amenez le plus doucement possible le poisson à ébullition : plus la montée sera lente, plus la morue se débarrassera de son excédent de sel. »

saumon en papillote au beurre de mélisse

La mélisse, dont le nom parle de miel et d'abeille, porte encore celui de citronnelle. La saveur de la mélisse, même sauvage, et celle de la chair du saumon s'accordent très bien dans cette cuisson à l'étouffée.

POUR 4 PERSONNES PRÉPARATION 30 MIN
CUISSON ENVIRON 25 MIN

1 beau saumon de 1,2 kg environ, paré et vidé par le poissonnier ≈ 15 branches de mélisse ≈ 1 échalote ≈ le jus de ½ citron ≈ 15 cl de vin blanc sec ≈ 15 cl de vinaigre de vin blanc ≈ 15 cl de bouillon de légumes ≈ 200 g de beurre ≈ sel et poivre du moulin

Préchauffez le four à 240 °C (th. 8).

Lavez abondamment le saumon, essuyez-le soigneusement, salez et poivrez l'intérieur. Glissez la moitié de la mélisse dans la cavité centrale. Étalez le saumon sur une grande feuille de papier d'aluminium pliée en deux et beurrée, incurvez celle-ci légèrement et versez 4 cuillerées à soupe de bouillon de légumes. Refermez la papillote en ourlant soigneusement les bords. Glissez au four et faites cuire environ 15 min.

Pelez et coupez finement l'échalote. Faites-la fondre 3 min avec une noix de beurre. Mouillez avec le vinaigre et le vin blanc, faites réduire d'un quart sur feu vif. Versez alors le reste de bouillon de légumes et le jus de citron, portez à frémissements et incorporez en fouettant le beurre bien froid détaillé en parcelles.

Hachez la mélisse restante et ajoutez-la dans la sauce, mixez, tamisez dans une passoire fine. Rectifiez l'assaisonnement, conservez au chaud.

Sortez la papillote du four et laissez reposer 5 min avant de l'ouvrir. Servez avec la sauce à part, en saucière.

« Doublez la papillote de manière à éviter toute déchirure qui laisserait alors s'échapper la vapeur. Le poisson placé au centre d'une feuille de papier d'aluminium, joignez les bords en faisant un double ourlet. Aplatissez les extrémités, pliez les coins, puis deux fois les extrémités.

Mouillez d'un peu d'eau la plaque du four avant d'y poser la papillote ; vous éviterez ainsi que cette dernière n'attache à la cuisson. »

saumon à l'huile et aux pommes de terre

Le saumon atlantique était jadis si abondant et bon marché qu'on le servait à toutes les sauces. Au point que des contrats d'embauche de valets de ferme précisaient qu'il ne leur en serait pas servi plus d'une fois par semaine.

POUR 4 PERSONNES PRÉPARATION 40 MIN CUISSON 30 MIN MACÉRATION 3 JOURS

500 g de filet de saumon ≈ 600 g de pommes de terre (rattes de préférence) ≈ 2 oignons ≈ 1 belle carotte ≈ 1 blanc de poireau ≈ 4 feuilles de laurier ≈ 40 cl d'huile d'arachide ≈ 60 cl d'huile d'olive ≈ 5 cl de vin blanc sec ≈ 800 g de gros sel ≈ 1 cuil. à soupe de poivre en grains ≈ 1 cuil. à café de poivre concassé ≈ 1 clou de girofle ≈ 6 cuil. à soupe rases de sucre semoule ≈ gros sel, sel fin et poivre du moulin

Trois jours à l'avance, mélangez intimement gros sel, sucre semoule et poivre concassé. Éliminez les arêtes qui peuvent subsister et piquez le filet de saumon à la fourchette. Disposez une couche du mélange au sel dans un plat creux, mettez-y le saumon et recouvrez avec le reste de mélange au sel. Recouvrez d'un film alimentaire et entreposez au réfrigérateur.

La veille, lavez et essuyez soigneusement le poisson pour éliminer le sel, puis coupez-le en gros rectangles. Lavez le blanc de poireau, épluchez la carotte et les oignons, et taillez ces légumes en fines rondelles. Mettez-en la moitié dans le fond d'une terrine, posez dessus les morceaux de saumon, recouvrez du reste des légumes, ajoutez les grains de poivre, le laurier et le clou de girofle. Versez l'huile d'arachide, la même quantité d'huile d'olive et entreposez au frais, couvert d'un film alimentaire.

Le jour même, brossez les pommes de terre sous l'eau du robinet et faites-les cuire 20 min à l'eau salée, en veillant à les conserver fermes. Épluchez-les quand elles sont encore chaudes, en les coupant en rondelles au fur et à mesure dans un saladier. Arrosez-les du restant d'huile d'olive et du vin blanc, salez, poivrez et mélangez délicatement. Servez-les aussitôt avec la terrine de saumon.

« Pour concasser du poivre sans en faire sauter partout, placez les grains dans une casserole de taille moyenne, puis écrasez-les en les martelant avec une casserole plus petite.

Pour renforcer le goût fumé du poisson, laissez le saumon 24 h de plus dans le sel ; rincez-le ensuite abondamment à l'eau froide du robinet avant de le mettre à tremper 6 h dans une bassine d'eau fraîche. Séchez-le bien avec du papier absorbant et entreposez-le de nouveau 24 h au réfrigérateur, à découvert. »

boulets de lapin à la sauge

Même préparé à la sauge, le lapin a la réputation d'être d'un naturel farceur. Ces « boulets », que l'on nomme aussi, suivant les tables paysannes, « bouniols » ou « buñuels », lui en donneront l'occasion.

POUR 4 PERSONNES PRÉPARATION 35 MIN
CUISSON ENVIRON 1 H REPOS 12 H

4 cuisses de lapin ≈ 8 feuilles de sauge ≈ 4 belles feuilles de chou ≈ 3 échalotes ≈ 1 bouquet garni ≈ 30 cl de vin blanc sec ≈ 1 tablette de bouillon de volaille ≈ 3 cuil. à soupe de beurre ≈ huile d'arachide ≈ sel et poivre

La veille, préchauffez le four à 180 °C (th. 6).

Salez, poivrez les cuisses de lapin et faites-les sauter 3 min dans une cocotte avec 1 grosse cuillerée à soupe de beurre et un filet d'huile. Lorsqu'elles sont colorées, retirez-les.

Dégraissez la cocotte, pelez et émincez finement les échalotes, et mettez-les à suer 3 min dans 1 cuillerée à soupe de beurre avec le bouquet garni. Replacez les cuisses de lapin dans la cocotte, versez le vin blanc, ajoutez la tablette de bouillon de volaille écrasée dans 20 cl d'eau chaude, puis la sauge. Couvrez, glissez au four et laissez cuire environ 25 min.

Retirez les cuisses de lapin de la cocotte, éliminez les feuilles de sauge et faites réduire le jus de cuisson des deux tiers sur feu vif, rectifiez l'assaisonnement. Désossez les cuisses, mettez les chairs dans le jus, couvrez et entreposez au frais toute la nuit.

Le jour même, portez une grande casserole d'eau salée à ébullition et plongez-y les feuilles de chou pour les blanchir en comptant environ 8 min après la reprise de l'ébullition. Rafraîchissez-les aussitôt sous l'eau froide du robinet, égouttez-les sur du papier absorbant.

Préchauffez le four à 210 °C (th. 7). Enveloppez les chairs de lapin gorgées de leur jus de cuisson dans les feuilles de chou, disposez-les dans un plat à gratin généreusement beurré, glissez au four et laissez réchauffer 10 min. Servez aussitôt.

« On peut aussi confectionner cette recette à partir de râble, plus sec néanmoins que la cuisse.
Si les côtes des feuilles de chou sont trop grosses, mieux vaut les éliminer en pratiquant simplement une entaille en « V ». Ne retirez la côte qu'après avoir blanchi la feuille et lorsqu'elle est égouttée.
Ces boulets se mangent réchauffés ou froids. Enveloppés dans un film alimentaire, ils s'adapteront très bien à un pique-nique. »

cuisses de lapin au cidre

Comme le porc et le veau, le lapin domestique (alias conil) se prête très bien aux associations sucré-salé que relève encore l'excellente idée de l'emploi du cidre.

POUR 4 PERSONNES PRÉPARATION 25 MIN CUISSON ENVIRON 20 MIN

4 cuisses de lapin ≈ 3 beaux oignons ≈ 1 pomme moyenne (de préférence acide) ≈ 50 cl de cidre brut ≈ 3-4 cuil. à soupe de vinaigre de cidre ≈ 1/2 tablette de bouillon de volaille ≈ 2 cuil. à soupe de beurre ≈ 2 cuil. à soupe d'huile d'olive ≈ sel et poivre du moulin

Salez les cuisses de lapin et faites-les revenir à l'huile d'olive chaude, dans un faitout (ou, à défaut, une cocotte), environ 3 min en les retournant pour les colorer sur toutes les faces. Retirez du feu et déglacez avec 2 cuillerées à soupe de vinaigre de cidre, versez du cidre à hauteur et ajoutez le bouillon de volaille émietté. Couvrez, laissez cuire environ 20 min sur feu doux.

Pelez et hachez finement les oignons et la pomme. Mettez-les dans une casserole avec le beurre, salez, poivrez, couvrez et laissez compoter 20 min à couvert, sur feu doux, en remuant de temps en temps.

Retirez les cuisses de lapin et faites réduire la sauce au cidre sur feu vif jusqu'à obtention d'un jus sirupeux, rectifiez l'assaisonnement en sel, poivre et vinaigre de cidre. Réchauffez les cuisses de lapin dans la sauce.

Étalez 1 grosse cuillerée de marmelade d'oignons sur chaque assiette, posez les cuisses dessus, nappez de sauce au cidre et servez avec du riz.

« Le cidre s'évapore facilement. N'hésitez pas à en rajouter en cours de cuisson de façon que les cuisses soient toujours mouillées à hauteur.

Si vous augmentez les proportions, comptez toujours, pour la marmelade d'oignons, un quart de pommes pour trois quarts d'oignons. »

poule sauce verte

Cette recette gasconne est digne du pays des Mousquetaires qui auraient sans doute aimé l'apprendre à l'aubergiste Bonacieux si les coquetteries de sa femme et l'honneur de la Reine n'avaient pas pris tout leur temps.

POUR 4 PERSONNES PRÉPARATION 1 H 30

CUISSON ENVIRON 2 H 30

1 belle poule de 2 kg ≈ 2 foies de volaille ≈ 250 g d'épaule de veau ≈ 100 g de lard fumé ≈ 2 kg de petits pois ≈ 250 g d'épinards ≈ 1 botte de petits oignons blancs ≈ 2 laitues ≈ 3 carottes ≈ 2 navets ≈ le vert de 1 poireau ≈ 4 oignons ≈ 1 branche de céleri ≈ 2 gousses d'ail ≈ 1 bouquet de persil plat ≈ 1 bouquet de cerfeuil ≈ 1 bouquet de ciboulette ≈ 1 bouquet garni ≈ 2 œufs ≈ 200 g de mie de pain ≈ 20 cl de lait ≈ 10 cl de vinaigre d'alcool ≈ 1 cuil. à soupe de graisse d'oie ≈ 1 cuil. à soupe de beurre ≈ huile ≈ vinaigre de vin ≈ 1 pincée de noix de muscade ≈ 2 clous de girofle ≈ 6 grains de poivre ≈ 1 pincée de sucre semoule ≈ gros sel, sel fin et poivre du moulin

Épluchez les carottes, les navets, les gousses d'ail ainsi que 2 oignons et piquez-les chacun de 1 clou de girofle. Lavez le vert du poireau. Mettez tous ces légumes dans une cocotte avec le céleri et environ 10 queues de persil. Versez 2 litres d'eau, salez au gros sel (en comptant 1 cuillerée à soupe par litre), ajoutez les grains de poivre, le bouquet garni et le vinaigre d'alcool.

Portez doucement à ébullition, puis laissez frémir 30 min environ. Filtrez ce bouillon dans une passoire fine.

Équeutez, lavez, essorez et hachez les épinards ; épluchez et hachez les oignons restants. Faites-les poêler 5 min dans la graisse d'oie chaude, salez, poivrez. Nettoyez et hachez finement les foies de volaille ainsi que le lard fumé et l'épaule de veau. Équeutez, lavez, essorez et ciselez le cerfeuil et le persil ; essuyez et ciselez également la ciboulette. Émiettez la mie de pain dans le lait.

Mélangez dans un saladier la fondue épinards-oignons avec la mie de pain, les hachis de foies de volaille et de viande, les œufs. Salez, poivrez, parfumez de noix de muscade, incorporez 1 cuillerée à soupe de chaque variété d'herbe.

Salez et poivrez l'intérieur de la poule, farcissez-la de cette préparation et recousez-la grossièrement. Mettez-la dans le bouillon, portez à ébullition en écumant, et laissez frémir 2 h.

Écossez les petits pois. Triez et lavez les laitues, hachez-les grossièrement. Épluchez les oignons blancs, coupez-les en quartiers s'ils sont trop gros. Mettez

tous ces légumes dans une cocotte, salez, poivrez, ajoutez le beurre et le sucre, couvrez, laissez cuire environ 20 min sur feu doux. Rectifiez l'assaisonnement, conservez au chaud.

Préparez une vinaigrette et incorporez au dernier moment tout ou partie des fines herbes hachées (ciboulette, cerfeuil, persil). Déposez la poule dans un plat, arrosez-la abondamment de vinaigrette, entourez des petits pois et présentez le reste de la vinaigrette à part, en saucière.

« C'est le vinaigre d'alcool, ou vinaigre blanc, qui conserve sa blancheur à la poule.

Les fines herbes ne s'incorporent dans une vinaigrette qu'au tout dernier moment, sinon elles flétrissent, en particulier la ciboulette !

Une autre recette consiste à servir la poule avec les légumes du bouillon. Dans ce cas, préparez le bouillon avec les épluchures des carottes et des navets en les enfermant dans un baluchon de gaze, et rajoutez les légumes à mi-cuisson de la poule. »

confit d'oie froid, roulades d'aubergine à la crème d'ail

Le département du Gers, réputé pour sa qualité de vie, inscrit la consommation de ce mets au positif du bilan de santé de ses habitants. La graisse saturée de l'oie est supérieure au beurre pour faire la cuisine.

POUR 4 PERSONNES   PRÉPARATION 35 MIN
CUISSON 35 MIN

2 cuisses d'oie confites ou 4 cuisses de canard ≈ 2 aubergines ≈ 20 gousses d'ail ≈ 1 petit bouquet de persil frisé ≈ 10 cl de lait ≈ huile d'olive ≈ sel et poivre du moulin

Faites réchauffer doucement les cuisses de volaille, égouttez-les bien pour éliminer le maximum de graisse, retirez la peau et désossez-les.

Pelez les gousses d'ail, coupez-les en deux et dégermez-les. Placez-les dans une casserole d'eau froide, portez à ébullition, retirez du feu. Renouvelez l'opération à trois reprises, en changeant l'eau à chaque fois, pour ôter toute amertume. Lorsque les gousses d'ail sont blanchies, mixez-les avec environ 5 cl de lait, salez, poivrez. Rajoutez éventuellement un peu de lait pour obtenir une consistance crémeuse.

Équeutez, lavez, essorez et ciselez finement le persil. Lavez et essuyez les aubergines, éliminez-en le pédoncule. Détaillez chaque aubergine en 12 tranches de 0,5 cm d'épaisseur, salez, et faites frire à l'huile d'olive. Déposez les tranches sur du papier absorbant, laissez égoutter. Salez de nouveau, puis badigeonnez chaque tranche d'aubergine de crème d'ail. Saupoudrez d'un peu de persil ciselé et roulez les tranches sur elles-mêmes.

Préchauffez le four à 180 °C (th. 6). Disposez les roulades dans un plat à gratin, glissez 10 min au four pour les réchauffer. Disposez la chair effilochée du confit au centre des assiettes et entourez avec des roulades.

« Si la crème d'ail obtenue est trop liquide, faites-la sécher légèrement dans une casserole, en mélangeant sans cesse à la spatule pour hâter l'évaporation. Traditionnellement, on met les tranches d'aubergine à dégorger dans le gros sel, une technique qui n'est pas aussi simple qu'on pourrait le supposer : les aubergines s'avèrent souvent bien trop salées. Mieux vaut donc les faire tout simplement frire telles quelles (sans oublier de les saler !) à l'huile d'olive. On peut également les cuire au four, étalées sur une plaque et arrosées d'huile d'olive. »

poulet au reblochon parfumé au genièvre

Le reblochon doit son nom savoyard à la part de lait clandestine obtenue par une seconde traite après le passage des agents du fisc seigneurial, établissant les redevances sur la base de ce qu'ils estimaient être la totalité de la production.

POUR 4 PERSONNES

PRÉPARATION 25 MIN

CUISSON ENVIRON 1 H 30

1 poulet de 1,3 kg

300 g de reblochon

10 cl de crème fraîche liquide

8 baies de genièvre

½ tablette de bouillon de volaille

1 cuil. à soupe de beurre

huile d'arachide

sel et poivre du moulin

Préchauffez le four à 240 °C (th. 8).

Salez et poivrez l'intérieur du poulet, introduisez 4 grains de genièvre. Huilez, salez et beurrez l'extérieur du poulet, placez-le dans un plat à gratin mouillé de 3 cuillerées à soupe d'eau. Glissez au four, faites cuire 10 min, baissez la température à 220 °C (th. 7-8) et laissez cuire encore 1 h 20.

Portez à ébullition la crème fraîche avec 4 grains de genièvre concassés. Laissez infuser 15 min à couvert et hors du feu. Filtrez la crème dans une passoire fine.

Éliminez la croûte du reblochon, détaillez le fromage en dés. Écrasez à la fourchette le bouillon de volaille dans 10 cl d'eau chaude, mixez les dés de reblochon avec le bouillon, ajoutez la crème filtrée et mixez par à-coups.

Versez le tout dans une casserole et faites réchauffer sur feu très doux, sans cesser de fouetter (attention, la crème ne doit pas bouillir !). Rectifiez l'assaisonnement.

Nappez les assiettes de crème et répartissez les morceaux de poulet.

Accompagnez d'un gratin de pommes de terre.

« Pour éviter que les suprêmes (les blancs) ne se dessèchent, posez le poulet sur une cuisse en début de cuisson, puis sur l'autre. Soyez très modéré avec le sel, car la tablette de bouillon en contient déjà pas mal. »

confit de canard à l'oseille

L'astringence de l'oseille n'a qu'un inconvénient : rendre difficile la dégustation d'un vin fin. Ceci mis à part, c'est une « herbe » délicieuse souvent utilisée en contrepoint d'une viande blanche.

POUR 4 PERSONNES

PRÉPARATION 20 MIN

CUISSON ENVIRON 20 MIN

4 cuisses de canard ou
2 cuisses d'oie confite

750 g d'oseille

¼ de tablette de bouillon
de volaille

sel fin et poivre du moulin

Placez les cuisses dans une cocotte et laissez fondre la graisse tout doucement à couvert.

Équeutez l'oseille, lavez-la à grande eau, essorez-la en la pressant bien dans la main. Faites fondre le bouillon de volaille dans 10 cl d'eau chaude en l'écrasant bien à la fourchette.

Dans une poêle, faites chauffer 1 cuillerée à soupe de graisse du confit, ajoutez le bouillon de volaille, puis l'oseille, poignée par poignée, en remuant bien à la spatule. Couvrez et laissez cuire 5 min sur feu doux, poivrez, salez.

Servez les confits bien égouttés sur un lit de purée d'oseille.

« Vous pouvez également faire cette recette avec 1 aile d'oie, qui conviendra tout à fait pour 4 personnes. Auquel cas, vous veillerez à la présenter coupée en tranches. »

poulet aux oignons

L'oignon est universel. On trouve son bulbe par toute la terre. On le mange cru ou cuit, qu'il soit blanc ou rouge, qu'il soit doux comme celui de Trebons ou qu'il soit fort en saveur comme celui, vendu à Londres, des «johnnies» de Roscoff.

POUR 4 PERSONNES PRÉPARATION 30 MIN
CUISSON ENVIRON 50 MIN

1 poulet de grain de 1,4 kg ≈ 3 beaux oignons ≈ 20 cl de crème fraîche liquide ≈ 1 cuil. à café de farine ≈ 50 cl de vin blanc sec ≈ 1 bonne cuil. à soupe de beurre ≈ huile d'arachide ≈ sel et poivre du moulin

Levez les ailes et les cuisses, coupez le poitrail en deux dans le sens de la longueur sans lever les blancs, et coupez à nouveau chaque moitié en deux (ou demandez à votre volailler de découper la volaille ainsi).

Épluchez les oignons : taillez-les en quartiers après avoir coupé la base et la queue, puis détachez les différentes couches superposées.

Faites chauffer le beurre dans une cocotte avec un filet d'huile, et, quand le mélange est bien chaud, faites-y colorer tous les morceaux de poulet sur feu vif, en remuant à l'aide d'une spatule.

Retirez les morceaux de poulet, déglacez avec 3 cuillerées à soupe d'eau, en grattant pour détacher les sucs, et mettez à la place les oignons. Laissez-les dorer 3 min dans le jus, saupoudrez de farine, faites cuire 1 min et versez le vin blanc, salez, poivrez.

Ajoutez les cuisses, faites cuire 10 min à couvert ; ajoutez les ailes, faites cuire 5 min, puis, pour finir, les blancs, et faites cuire de 30 à 35 min. Retirez les morceaux de poulet. Incorporez la crème fraîche dans la sauce, laissez réduire de 5 à 8 min sur feu vif, rectifiez l'assaisonnement.

Servez les morceaux de poulet nappés de sauce et d'oignon, accompagnés d'une purée de pommes de terre.

«Il est toujours préférable de ne pas séparer les blancs de la carcasse quand on fait fricasser un poulet : ils auront plus de goût et conserveront leur moelleux.

Attention, les morceaux de poulet ne réclament pas le même temps de cuisson : les cuisses doivent être mises à cuire les premières, puis les ailes, et enfin les blancs, qui réclament peu de temps de cuisson si l'on tient à les conserver moelleux.»

pintadeau à l'ancienne farci au riz

La pintade a d'abord servi à l'ornement des jardins, comme le paon. On l'appelait alors la « guinette » puisqu'elle venait d'Afrique (de Guinée) et on finit par lui trouver des vertus culinaires à la fin de la guerre de Cent Ans.

POUR 4 PERSONNES PRÉPARATION 1 H CUISSON 1 H 40

2 pintadeaux non bridés ≈ 150 g de poitrine de porc demi-sel ≈ 250 g de riz ≈ 150 g de champignons de Paris ≈ 1 gros oignon ≈ 6 cuil. à soupe de beurre ≈ 1 poignée de gros sel ≈ sel et poivre du moulin

Préchauffez le four à 220 °C (th. 7-8).

Portez 75 cl d'eau à ébullition. Pelez et hachez finement l'oignon. Faites chauffer 1 cuillerée à soupe de beurre dans un faitout allant au four ; dès qu'il est mousseux, ajoutez l'oignon haché et laissez suer 3 min sur feu doux, en remuant sans cesse à l'aide d'une spatule. Ajoutez le riz, faites cuire 1 min, puis versez de l'eau bouillante dessus, salez, poivrez.

Couvrez d'une feuille de papier sulfurisé beurrée, glissez au four et laissez cuire 17 min.

Détaillez le morceau de poitrine en dés, placez ces lardons dans une casserole d'eau froide, portez à ébullition et rafraîchissez aussitôt sous l'eau froide, laissez égoutter.

Éliminez la partie terreuse des pieds et lavez rapidement les champignons sous l'eau du robinet, détaillez-les en lamelles.

Faites fondre 1 cuillerée à soupe de beurre dans une cocotte, faites-y sauter 2 min les lardons et les champignons sur feu vif, ajoutez le riz cuit et mélangez.

Montez la température du four à 240 °C (th. 8). Salez et poivrez l'intérieur des pintadeaux, farcissez les volatiles d'un peu de ce mélange champignons-riz-lardons, puis ficelez sommairement les pattes pour que la farce ne s'échappe pas. Graissez les pintadeaux avec 2 cuillerées à soupe de beurre, puis massez-les avec du gros sel. Placez-les dans une cocotte, glissez au four et laissez cuire 1 h 15. Arrosez-les fréquemment, en rajoutant un peu d'eau si nécessaire.

Retirez les pintadeaux de la cocotte, conservez au chaud. Déglacez avec 3 cuillerées à soupe d'eau, en grattant pour détacher les sucs de cuisson. Faites doucement réchauffer le riz aux champignons dans 1 cuillerée à soupe de beurre. Découpez les pintadeaux, servez-les entourés de riz, avec la sauce à part.

« Ici, le riz est « crevé », c'est-à-dire simplement chauffé, raison pour laquelle il ne faut pas dépasser 1 min de cuisson ; au-delà, les grains éclatent, et l'on obtient une masse pâteuse. »

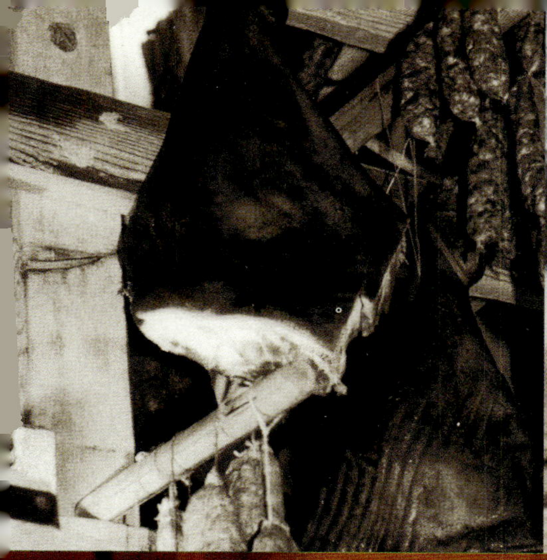

carré de veau farci

La mise en abyme d'un mets à l'intérieur d'un autre est aussi vieille que la cuisine et la réflexion humaine. Les Romains, pour finir, cachaient une perle rare ou une clé au centre du dispositif.

POUR 4 PERSONNES PRÉPARATION 40 MIN
CUISSON ENVIRON 1 H 30

1 carré de veau de 1,2 kg désossé (avec les os grossièrement concassés) ≈ 1 saucisse fumée de Montbéliard ≈ 1 chou frisé ≈ 3 échalotes ≈ 200 g de beurre ≈ huile d'arachide ≈ gros sel, sel fin et poivre du moulin

Retirez la plaque du four et préchauffez le four à 270 °C (th. 9).
Pratiquez à l'aide d'un long couteau une entaille profonde dans le centre du carré, en le transperçant sur toute sa longueur, puis enfoncez-y la saucisse.
Huilez la pièce de viande avant de la saler afin que le sel tienne sur les chairs, poivrez. Posez le carré de veau sur la plaque du four, parsemez de 2 grosses noix de beurre, entourez des os concassés. Glissez au four et faites cuire 10 min, baissez la température à 210 °C (th. 7) et laissez cuire encore 1 h 20.
Éliminez les côtes et le trognon, coupez le chou en gros quartiers puis émincez-le finement. Mettez ces lanières dans une grande casserole d'eau bouillante bien salée et faites cuire 10 min. Rafraîchissez-les sous l'eau froide du robinet, pressez-les dans la main pour en extraire le maximum d'eau.
Épluchez et hachez finement les échalotes, faites-les suer 3 min dans 1 cuillerée à soupe de beurre additionnée d'un filet d'huile, sur feu doux. Ajoutez les lanières de chou et 3 cuillerées à soupe de beurre, faites cuire 5 min, en remuant. Rectifiez l'assaisonnement et conservez au chaud.
Retirez le carré de la plaque du four, enveloppez-le dans une grande feuille de papier d'aluminium. Posez la plaque sur feu vif, déglacez avec 10 cl d'eau, en grattant les sucs à la fourchette pour bien les détacher.
Versez ce jus dans une casserole, et, tout en fouettant, incorporez le reste de beurre bien frais coupé en parcelles, salez, poivrez.
Servez le carré entouré de chou, avec la sauce à part.

« Il n'est pas indispensable de monter la sauce au beurre à l'aide d'un fouet. On peut procéder plus simplement en mettant le morceau de beurre froid entier au centre de la casserole et en portant à ébullition avant de donner un bon coup de fouet. »

poitrine demi-sel et pain brûlé

L'appellation peut tromper : en fait, le pain n'est pas « brûlé », mais les tartines chaudes sont poudrées de sucre et de cacao avant d'être remises au four.

POUR 4 PERSONNES   PRÉPARATION 30 MIN   CUISSON ENVIRON 1 H 30   TREMPAGE 2 H

1 kg de poitrine de porc demi-sel ≈ 1 pain de campagne ≈ 1 carotte ≈ 1 oignon ≈ 1 bouquet garni ≈ 5 baies de genièvre ≈ 5 grains de poivre ≈ sucre en poudre ≈ cacao amer ≈ 1 pot de moutarde à l'ancienne

La veille, mettez la poitrine dans une jatte d'eau fraîche et laissez-la tremper 2 h. Épluchez la carotte et l'oignon, mettez-les dans une grande cocotte avec les grains de poivre et de genièvre, le bouquet garni. Ajoutez la viande bien rincée sous l'eau du robinet, couvrez largement d'eau froide. Faites chauffer jusqu'à frémissements, couvrez et faites cuire ainsi 1 h 30 dans l'eau frémissante.

Laissez refroidir la viande dans son jus de cuisson, égouttez-la et entreposez-la au réfrigérateur recouverte d'un film alimentaire.

Le jour même, taillez de larges tranches dans le pain, saupoudrez-les très légèrement de sucre et de cacao amer, faites-les joliment colorer sous le gril du four.

Coupez la poitrine froide en tranches et servez celles-ci avec le pain grillé et la moutarde à l'ancienne.

« Pour que la poitrine ne marine pas dans son sel, posez-la dans une passoire à pieds lorsque vous la mettez à tremper. »

échine de porc grillée à la purée de poireaux

Le poireau (appelé aussi « porée » en vieux français), plus fin et plus soutenu que l'oignon, relèvera toujours de sa verdeur les chairs parfois musquées du cochon, notamment de l'échine.

POUR 4 PERSONNES
PRÉPARATION 25 MIN
CUISSON ENVIRON 50 MIN

6 échines de porc
2 kg de poireaux
1 bonne cuil. à café de farine
1 sachet de fond de veau déshydraté
120 g de beurre
pointe de noix de muscade (facultatif)
sel et poivre du moulin

Éliminez la majeure partie du vert et fendez les poireaux en quatre ; lavez-les, faites-les cuire environ 35 min dans une grande casserole d'eau salée bouillante, égouttez-les soigneusement avant de les mixer avec 10 cl de liquide de cuisson. Mettez cette purée de poireaux dans une casserole et faites sécher sur feu vif, en remuant, jusqu'à bonne consistance. Prélevez-en 3 cuillerées à soupe, réservez-les, et ajoutez 100 g de beurre coupé en morceaux dans la casserole. Mélangez, salez, poivrez et parfumez éventuellement d'un peu de noix de muscade.

Préparez 15 cl de fond de veau (en suivant les indications mentionnées sur l'emballage du fond de veau déshydraté). Faites chauffer le restant de beurre avec la farine, et, dès que le roux commence légèrement à colorer, versez le fond de veau, ajoutez les 3 cuillerées de purée de poireaux réservées, salez, poivrez.

Faites griller les échines telles quelles, assaisonnez-les. Faites réchauffer en même temps la sauce et la purée. Dressez les échines sur la purée de poireaux bien chaude et servez la sauce à part, en saucière.

« Lavez les poireaux à l'eau tiède afin de les débarrasser plus facilement du sable et de la terre.

On peut remplacer l'échine par des côtes de porc, mais l'échine est plus moelleuse. »

carré d'agneau au thym

La succulence de l'animal rôti et la finesse de sa viande en ont fait un élément plus que symbolique des grandes religions monothéistes. L'agneau sacrifié marque la Pâque juive et figure le Christ chez les chrétiens.

POUR 4 PERSONNES PRÉPARATION 1 H
CUISSON ENVIRON 2 H REPOS 1 H

2 carrés d'agneau (demander au boucher de retirer la colonne de chacun d'eux et de dégager les manches) ≈ 500 g d'os d'agneau grossièrement concassés ≈ 8 branches de thym frais (thym citronné, de préférence) ≈ 3 tomates ≈ 1 carotte ≈ 2 échalotes ≈ 1 gousse d'ail ≈ 1 bouquet garni ≈ 1 œuf ≈ 200 g de farine ≈ 4 cuil. à soupe de vin blanc sec ≈ 100 g de beurre ≈ sel et poivre du moulin

Pour le bouillon de légumes : 3 carottes ≈ 1 poireau ≈ 1 échalote ≈ 1 gousse d'ail ≈ 1 oignon moyen ≈ 20 queues de persil ≈ 3 feuilles de laurier ≈ 1 branche de thym ≈ 1 branche de fenouil ≈ 20 cl de vin blanc sec

Battez l'œuf à la fourchette dans un saladier, ajoutez 1 cuillerée à café de sel fin, de 2 à 3 cuillerées à soupe

d'eau, mélangez et incorporez la farine au fur et à mesure, en remuant à l'aide d'une spatule. Roulez la pâte en boule, farinez-la, entreposez-la 1 h au réfrigérateur.
Confectionnez le bouillon : nettoyez, épluchez les légumes, taillez-les en fines rondelles. Mettez-les dans une grande casserole avec 2 litres d'eau et 20 cl de vin blanc, ajoutez tous les aromates et faites cuire 35 min. Filtrez dans une passoire, laissez de côté.
Épluchez et émincez la carotte, la gousse d'ail et les échalotes ; lavez et hachez grossièrement les tomates. Faites fondre 1 cuillerée à soupe de beurre dans une casserole, ajoutez-y les os concassés et les légumes ainsi que le bouquet garni. Couvrez et faites suer environ 10 min sur feu moyen, en remuant de temps à autre ; arrosez de vin blanc, laissez réduire de moitié sur feu vif.
Versez alors 50 cl de bouillon de légumes et autant d'eau, et laissez cuire 1 h 15. Faites reposer 10 min, dégraissez, ajoutez 1 branche de thym, attendez 3 min avant de filtrer le bouillon dans une passoire fine ; rectifiez l'assaisonnement, conservez au chaud.
Préchauffez le four à 270 °C (th. 9).
Salez et poivrez les carrés d'agneau, faites fondre le reste du beurre dans une cocotte allant au four, saisissez-y les carrés d'agneau 3 min de chaque côté pour bien les colorer. Retirez-les, dégraissez la cocotte, tapissez le fond de thym citronné.
Posez les carrés sur ce lit d'herbes, fermez la cocotte. Roulez la boule de pâte en un boudin légèrement plus long que le tour de la cocotte, et lutez celle-ci après avoir humidifié le bord d'un coup d'éponge. Glissez au four, faites cuire de 8 à 10 min.
Réchauffez le jus, apportez et ouvrez la cocotte sur table, détaillez les carrés, disposez les côtelettes sur les assiettes chaudes, nappez du jus.

« Le bouillon de légumes peut se congeler quelques jours. Avant chaque utilisation, veillez à le porter quelques minutes à ébullition. Pour luter correctement la cocotte, commencez par appliquer la pâte sur le rebord du couvercle, puis, avec les doigts, rabattez la pâte sur tout le rebord. Attention, le temps de cuisson indiqué vaut pour une cocotte bien lutée, c'est-à-dire hermétiquement fermée. »

carré d'agneau au thym >

épaule d'agneau en gasconnade

L'anchois est là pour donner son sel et son parfum de *garum*, un condiment liquide (voisin du nuoc-mâm) dont les Romains raffolaient et qu'ils obtenaient en laissant longuement macérer filets et entrailles de poissons.

Pour 4 personnes

Préparation 15 min

Cuisson environ 45 min

1 belle épaule d'agneau (demander au boucher de scier l'os en 3 morceaux égaux)

14 filets d'anchois

4 gousses d'ail

100 g de beurre

sel et poivre du moulin

Pelez les gousses d'ail, coupez-les en deux et dégermez-les. Coupez chaque moitié en deux dans le sens de la longueur. Piquez l'épaule d'éclats d'ail et de 6 filets d'anchois divisés en deux.

Préchauffez le four à 240 °C (th. 8). Poivrez la viande, salez-la très modérément, glissez au four et faites cuire 10 min, puis baissez la température à 210 °C (th. 7) et laissez cuire encore 35 min.

Malaxez à la fourchette les anchois restants avec le beurre et, 10 min avant la fin de la cuisson, badigeonnez-en l'épaule. Servez l'épaule accompagnée d'une salade à l'huile de noix ou d'un gratin de topinambours.

« Pour éviter que la viande ne se vide de son sang pendant la cuisson, n'y faites pas d'entailles, mais enfoncez proprement la pointe d'un couteau entre la chair et l'os et glissez dans l'interstice les éclats d'ail et les anchois. »

côtes de mouton en gratin de pommes de terre

C'était un plat des grands jours de cuisson du pain, un plat qui cuisait « tout seul », après le pain, à la chaleur résiduelle du four restituée par les briques ou la terre qui en garnissaient la paroi intérieure.

POUR 4 PERSONNES PRÉPARATION 30 MIN
CUISSON ENVIRON 1 H 40

8 côtes de mouton assez épaisses ≈ 100 g de lard maigre ≈ 1 kg de pommes de terre ≈ 1 tomate ≈ 1 bel oignon ≈ 1 gousse d'ail ≈ 1 bouquet garni ≈ 5 cl de vin blanc sec ≈ 2 cuil. à soupe de beurre ≈ 1 pincée de noix de muscade ≈ sel et poivre du moulin

Plongez la tomate 20 secondes dans de l'eau bouillante, pelez-la et hachez-la grossièrement. Épluchez les pommes de terre, taillez-les en rondelles. Épluchez et hachez l'oignon. Coupez le lard en petits dés, mettez ces lardons dans une casserole d'eau, portez à ébullition. Retirez-les aussitôt et laissez égoutter.

Faites revenir 5 min dans 1 cuillerée à soupe de beurre chaud le hachis d'oignon et les lardons, en remuant.

Préchauffez le four à 180 °C (th. 6).

Frottez le fond et les parois d'un plat à gratin avec la gousse d'ail pelée, puis étalez-y le hachis d'oignon et les lardons blanchis, ajoutez ensuite le bouquet garni.

Salez les côtes de mouton, faites-les revenir 3 min à la poêle dans 1 cuillerée à soupe de beurre, puis couchez-les sur le lit d'oignon et de lardons, arrosez-les avec la moitié de la graisse qu'elles ont rendue, poivrez. Couvrez les côtes de mouton avec des couches de pommes de terre, en salant et poivrant à chaque fois.

Étalez la tomate concassée sur l'ensemble, salez, poivrez, parfumez de noix de muscade, versez le vin blanc et complétez d'eau à hauteur. Glissez au four et faites cuire 1 h 30 en surveillant régulièrement la cuisson (si le gratin se dessèche, arrosez-le de quelques cuillerées à soupe d'eau). Présentez dans le plat.

« Poêlez très rapidement les côtes de mouton de façon qu'elles ne perdent pas tout leur jus pendant la cuisson. On peut remplacer les côtes de mouton par des côtes d'agneau, moins grasses, mais le résultat est moins bon. »

pommes au boudin

Voici une gourmandise de grand-mère. Le boudin a toujours aimé le sucré-salé. À Ouessant, autrefois, on préparait un *fars du* (gâteau noir) avec du sang de cochon frais, de la farine, du sucre et des épices.

POUR 4 PERSONNES PRÉPARATION 15 MIN CUISSON 25 MIN TREMPAGE 12 H

400 g de boudin noir aux oignons ≈ 4 pommes (golden de préférence) ≈ 2 cuil. à soupe de pignons de pin ≈ 12 cerneaux de noix ≈ 2 cuil. à soupe de noisettes ≈ 3 cuil. à soupe de raisins de Corinthe ≈ 4 cuil. à soupe de beurre ≈ sel et poivre du moulin

La veille, mettez les raisins dans un bol d'eau et laissez-les tremper ainsi toute la nuit. Le jour même, retirez la plaque creuse et préchauffez le four à 240 °C (th. 8).
Lavez les pommes, coupez-les aux quatre cinquièmes de leur hauteur, mettez les chapeaux de côté, évidez-les et glissez une noix de beurre à l'intérieur, salez, poivrez légèrement.
Mettez les pommes dans un plat à gratin ainsi que leur chapeau. Étalez les pignons de pin sur la plaque et faites-les griller de 3 à 5 min au four, en remuant la plaque de temps à autre. Dès que les pignons sont colorés, sortez-les du four, glissez les pommes à la place et laissez-les cuire environ 15 min, en les arrosant régulièrement de leur jus en cours de cuisson.
Épluchez le boudin et détaillez-le en rondelles. Poêlez celles-ci environ 5 min dans le beurre fondu, juste le temps qu'elles se dessèchent très légèrement. Mettez-les dans un saladier, malaxez-les à la fourchette, incorporez les raisins égouttés, les cerneaux de noix et les noisettes concassés ainsi que les pignons de pin grillés.
Sortez les pommes du four, emplissez-les de farce au boudin, coiffez-les de leur chapeau, replacez au four et laissez cuire 5 min. Servez aussitôt.

« N'évidez pas trop les pommes, elles risqueraient de s'effondrer à la cuisson. Pour concasser les noix et noisettes, le plus simple est encore de les mettre dans une grande casserole, puis de les pilonner avec une casserole plus petite, ce qui évitera les éclats. »

daube provençale aux panisses

Avant l'arrivée de la pomme de terre, l'humanité ajoutait de la sauce épaisse et des viandes très cuites à toutes sortes de pâtes ou de bouillies, parfois présentées très essorées, comme ici.

POUR 4 PERSONNES PRÉPARATION 40 MIN
CUISSON ENVIRON 2 H 40 RÉFRIGATION 12 H

1,2 kg de paleron ≈ 3 carottes ≈ 3 oignons ≈ 1 tête d'ail ≈ 1 branche de ciboulette ≈ 1 feuille de laurier ≈ 300 g de farine de pois chiche ≈ 1 cuil. à soupe de farine ≈ 75 cl de vin rouge corsé (côtes-du-rhône) ≈ 1 cuil. à soupe de beurre ≈ 5 cuil. à soupe d'huile d'olive ≈ sel et poivre du moulin

La veille, coupez les morceaux de paleron en gros cubes ; préchauffez le four à 150 °C (th. 5). Pelez et détaillez en rondelles les carottes et les oignons.

Dans une cocotte, faites chauffer 3 cuillerées à soupe d'huile d'olive et saisissez-y les cubes de viande sur feu vif, 3 min environ, en remuant à l'aide d'une spatule. Lorsqu'ils sont colorés, retirez-les et mettez à la place les oignons et les carottes en rondelles, laissez-les suer 3 min, ajoutez la tête d'ail coupée en deux, le thym, le laurier, puis les morceaux de paleron.

Mélangez, saupoudrez de farine tamisée, et faites cuire encore 3 min, en remuant. Versez le vin rouge, salez, poivrez et lutez la cocotte si elle n'est pas hermétique. Glissez au four et faites cuire 2 h 30.

Confectionnez les panisses : dans une grande casserole, versez 80 cl d'eau, puis la farine de pois chiche en pluie, en remuant énergiquement au fouet pour éviter la formation de grumeaux, ajoutez 1 petite cuillerée à soupe de sel, du poivre et 2 bonnes cuillerées à soupe d'huile d'olive. Portez à ébullition et faites cuire 6 min, en raclant sans cesse le fond de la casserole pour que la pâte n'attache pas. Versez dans un grand plat généreusement beurré, laissez refroidir, couvrez d'une feuille de papier d'aluminium et entreposez au réfrigérateur. (Si vous avez luté la cocotte, cassez la coque de pâte pour que la vapeur de cuisson s'échappe, et laissez au frais toute la nuit, à couvert.)

Le jour même, mettez la daube à réchauffer tout doucement. Détaillez les panisses en rectangles larges d'environ 5 cm et longs de 8 cm, puis coupez-les en diagonale pour obtenir des losanges. Faites dorer les panisses à la poêle dans un fond d'huile d'olive et servez-les avec la daube dressée à part, dans un plat.

« Luter une cocotte consiste à la fermer hermétiquement avec un boudin de pâte. Pour une grande cocotte, comptez 400 g de farine. Creusez un puits, versez environ 20 cl d'eau au centre et malaxez du bout des doigts jusqu'à obtention d'une pâte homogène et collante.

Roulez alors la pâte en un boudin, d'une longueur supérieure à la circonférence de la cocotte. Couvrez la cocotte de son couvercle, appliquez le boudin à la jointure, en pressant bien pour sceller le couvercle et la cocotte.

Habituellement, on détaille les panisses en rectangles d'environ 5 cm de largeur sur 8 cm de longueur, et on les coupe en diagonale pour obtenir des losanges. »

côtes d'agneau, riz au laurier

Le riz, né en Inde, s'est répandu de la Chine au Moyen-Orient et en Europe où il a remplacé une sorte de riz sauvage. La cuisson du riz « en pilaf » est l'une des manières de rendre comestible cette céréale nourricière.

POUR 4 PERSONNES
PRÉPARATION 15 MIN
CUISSON ENVIRON 25 MIN

8 côtes d'agneau
200 g de riz
5 feuilles de laurier
1 bel oignon
2 bonnes cuil. à soupe de beurre
3 cuil. à soupe d'huile d'olive
gros sel, sel fin et poivre du moulin

Épluchez et taillez l'oignon en petits dés. Dans une cocotte, faites fondre 3 min l'oignon dans 2 cuillerées à soupe d'huile d'olive, en remuant sans cesse à la spatule pour qu'il ne colore pas. Retirez soigneusement les dés d'oignon à l'aide d'une écumoire, égouttez-les au-dessus de la cocotte et réservez-les.

À la place de l'oignon, mettez le riz dans la cocotte et faites cuire 3 min, en remuant sans cesse afin qu'il s'imprègne bien d'huile. Versez 2 fois son volume d'eau, ajoutez les feuilles de laurier et l'oignon, salez au gros sel et laissez cuire 20 min à couvert.

Badigeonnez légèrement les côtes d'agneau d'huile d'olive, salez, puis faites-les dorer dans une poêle à revêtement antiadhésif bien chaude. Éliminez la graisse qui s'en dégage, puis terminez la cuisson en faisant rôtir le gras des tranches. Donnez un tour de moulin à poivre.

Retirez les feuilles de laurier et ajoutez le beurre dans le riz. Servez sur des assiettes bien chaudes.

« Pour éviter que l'oignon ne brûle, il est préférable de procéder en deux étapes : le faire fondre d'abord, puis le remettre à cuire avec le riz, une fois celui-ci mouillé.

L'agneau et le mouton se servent sur des assiettes bien chaudes, le gras ayant tendance à figer très vite.

Utilisez du laurier sec, plutôt que frais, car il est moins puissant : cette plante aromatique donne en effet un goût amer lorsqu'on en abuse, ce qui gâterait la finesse de ce plat. »

fricassée de porc au vin rouge

Cette version du civet se savourait, jadis, avec des morceaux de pain que l'on trempait dans la sauce épaissie par la viande défaite et la longue cuisson.

POUR 4 PERSONNES
PRÉPARATION 30 MIN
CUISSON ENVIRON 1 H 50
REPOS 12 H

- 1,2 kg de filet de porc
- 50 cl de vin rouge
- 1 gros oignon
- 1 feuille de laurier
- 5 branche de thym
- 1 cuil. à soupe rase de farine
- 5 tablette de bouillon de volaille
- 1 cuil. à soupe de graisse d'oie (ou, à défaut, d'huile)
- 6 baies de genièvre
- 6 grains de poivre
- 1 clou de girofle
- sel et poivre du moulin

La veille, dégraissez et taillez le filet de porc en gros cubes. Mettez ceux-ci dans un récipient en verre fermant hermétiquement avec l'oignon pelé et haché, le clou de girofle, les grains de genièvre et de poivre, le thym et le laurier, versez le vin rouge par-dessus. Fermez et entreposez au réfrigérateur.

Le jour même, égouttez la viande sur du papier absorbant. Préchauffez le four à 160 °C (th. 5-6).

Dans une cocotte allant au four, faites revenir, sur feu vif, les cubes de viande 3 min dans la graisse d'oie chaude, en remuant à l'aide d'une spatule. Salez, saupoudrez de farine tamisée et faites cuire 1 min, toujours en remuant. Versez la marinade avec les aromates, puis le bouillon de volaille écrasé dans 5 cl d'eau chaude. Portez à ébullition, flambez. Couvrez, glissez au four et faites cuire 1 h 30.

Sortez la cocotte du four, retirez les cubes de porc, filtrez le jus de cuisson et reversez-le dans la cocotte. Faites-le réduire légèrement sur feu vif, rectifiez l'assaisonnement. Mettez les morceaux de viande à réchauffer dans cette sauce et servez bien chaud, accompagné d'une purée de pommes de terre.

« Si vous ne disposez que de peu de temps, vous pouvez confectionner cette recette sans faire mariner le porc au préalable.

Pour saupoudrer uniformément de la farine, prenez une passoire fine et donnez-lui de petits coups avec le manche d'une cuillère. Cette opération est désignée par le terme « singer ».

On peut, si on le désire, ajouter un trait de vinaigre de vin qui donnera un peu plus de « pointu » à la sauce. »

saucisses au vin rouge aux crozets

La sauce au vin rouge accompagne souvent le saucisson chaud. Les crozets appartiennent à la grande famille des boulettes et croquettes, la troisième façon de déguster la pâte qui est, ici, à base de farine de sarrasin.

POUR 4 PERSONNES PRÉPARATION 30 MIN CUISSON ENVIRON 40 MIN

800 g de saucisses de Savoie (ou, à défaut, d'Auvergne) ≈ 300 g de crozets (pâtes tarentaises ou dauphinoises carrées) ≈ 100 g de beaufort ≈ 50 cl de vin rouge corsé (côtes-du-rhône) ≈ 1/2 tablette de bouillon de volaille ≈ 1 cuil. à café de concentré de tomates ≈ 2 bonnes cuil. à soupe de beurre ≈ 1 feuille de laurier ≈ 6 baies de genièvre ≈ 4 grains de poivre ≈ 1 pincée de sucre semoule ≈ sel fin et poivre du moulin

Piquez les saucisses avec les dents d'une fourchette, placez-les dans une casserole d'eau froide, portez à ébullition et laissez frémir 20 min. Égouttez les saucisses.

Dans une grande sauteuse, portez le vin rouge à ébullition, flambez. Ajoutez le bouillon de volaille, les saucisses, le laurier, les grains de genièvre et de poivre, le concentré de tomates, le sucre semoule, salez. Portez à ébullition, couvrez, laissez cuire 30 min sur feu doux.

Faites cuire les crozets à l'eau bouillante salée (en suivant les indications mentionnées sur l'emballage), égouttez-les, remettez-les dans la casserole avec le beurre, couvrez et conservez au chaud.

Retirez les saucisses de la sauteuse, gardez-les au chaud. Filtrez la sauce dans une passoire, reversez-la dans la sauteuse et laissez réduire jusqu'à léger épaississement, salez, poivrez. Faites-y réchauffer les saucisses.

Au dernier moment, faites réchauffer les crozets en y incorporant le beaufort coupé en dés. Coupez les saucisses en tranches épaisses, servez aussitôt.

« N'hésitez pas à pocher les saucisses dans de l'eau bouillante pour les débarrasser de leur excédent de graisse. Vous pouvez également monter la sauce au beurre : pour cela, mettez un morceau de 50 g de beurre dans la sauce et portez à ébullition. »

carbonnade de Saint-Marcel

Bien longtemps avant l'invention du moderne « barbecue », c'était un plat que les charbonniers préparaient et laissaient mijoter dans un creux de l'énorme fourneau qui, en forêt, « cuisait » sur leur charbon de bois.

POUR 4 PERSONNES
PRÉPARATION 30 MIN
CUISSON ENVIRON 2 H 30
RÉFRIGÉRATION 3 JOURS

- 800 g de culotte ou d'aiguillette de rumsteck
- 2 oignons
- 4 gousses d'ail
- 10 feuilles de sauge
- 2 branches de thym
- 2 feuilles de laurier
- 50 cl de vin rouge
- 1 cuil. à café de farine
- 2 cuil. à soupe d'huile d'olive
- 5 clous de girofle
- 10 grains de poivre
- 1 pincée de sucre semoule
- gros sel, sel fin et poivre du moulin

Trois jours à l'avance, massez bien le morceau de viande au gros sel, puis mettez-le dans un grand récipient fermant hermétiquement avec 1 oignon pelé et haché, les feuilles de sauge, 3 clous de girofle, les gousses d'ail pelées et coupées en deux, 1 branche de thym, 1 feuille de laurier et les grains de poivre. Fermez bien et entreposez au réfrigérateur.
Le jour même, préchauffez le four à 150 °C (th. 5).
Rincez le morceau de viande sous l'eau courante, taillez-le en petits cubes et égouttez bien sur du papier absorbant. Épluchez et hachez le second oignon. Dans une cocotte allant au four, faites revenir 2 min à l'huile d'olive les dés de viande avec l'oignon haché, en remuant.
Saupoudrez de farine, faites cuire 30 secondes en remuant, versez le vin rouge et flambez. Ajoutez les clous de girofle restants, la dernière branche de thym, ½ feuille de laurier, le sucre semoule, salez légèrement et poivrez. Couvrez la cocotte, glissez au four et laissez cuire de 2 h à 2 h 30 en rajoutant du vin, si nécessaire, en cours de cuisson : la viande doit toujours baigner dans un liquide pour ne pas devenir toute racornie.
Au sortir du four, éliminez tous les aromates et faites réduire la sauce sur feu vif jusqu'à léger épaississement, rectifiez l'assaisonnement. Servez avec une purée de pommes de terre.

« Veillez à ne pas faire brûler les oignons, ils communiqueraient de l'amertume à la sauce. Plutôt que de présenter viande et purée séparément, vous pouvez dresser une couronne de purée sur chaque assiette et la recouvrir de carbonnade. »

bœuf braisé aux anchois

Il en existe une variante qui se cuisait sur les bateaux descendant et remontant le Rhône et la Saône, du pont de Trinquetaille, en Arles, aux quais de Chalon. Le bouillon était de bon vin blanc de Châteauneuf, de Condrieu ou de Mâcon.

POUR 4 PERSONNES
PRÉPARATION 25 MIN
CUISSON ENVIRON 2 H 30

- 1 kg de paleron
- 100 g de poitrine fumée
- 7 filets d'anchois
- 1 botte de ciboulette
- 1 cuil. à café de farine
- 1 tablette de bouillon de volaille
- 2 cuil. à soupe d'huile d'olive
- sel et poivre du moulin

Détaillez la viande en cubes. Préchauffez le four à 150 °C (th. 5). Coupez la poitrine fumée en dés et faites revenir ces lardons dans l'huile d'olive chaude. Retirez les lardons à l'écumoire, mettez à la place les cubes de viande et faites colorer 3 min, en remuant. Saupoudrez de farine, faites cuire 1 min, toujours en remuant.

Écrasez à la fourchette le bouillon de volaille dans environ 20 cl d'eau chaude, ajoutez-le ainsi que les lardons, les filets d'anchois hachés, poivrez. Glissez au four et faites cuire 2 h 30.

Essuyez et ciselez la ciboulette. Au moment de servir, saupoudrez de ciboulette ciselée.

« Ayez la main très légère avec le sel, en raison de la présence des anchois, du bouillon de volaille et des lardons. Mieux vaut ne rectifier l'assaisonnement qu'au tout dernier moment. »

gigot au genièvre, pommes de terre à la crème

Avec les grains de genièvre dont on l'agrémente, le gigot le plus banal prend l'allure d'un morceau de venaison, cette viande qu'on servait à la seule table des seigneurs au temps où la fourchette n'existait pas encore.

POUR 4 PERSONNES
PRÉPARATION 30 MIN
CUISSON ENVIRON 50 MIN
REPOS 12 H

- 1 gigot de 1,6 kg
- 1 kg de pommes de terre (charlotte de préférence)
- 1 feuille de laurier
- 1 branche de thym
- 20 cl de crème fraîche liquide
- 40 cl de lait entier
- 2 bonnes cuil. à soupe de beurre
- 1 cuil. à soupe d'huile d'arachide
- 15 baies de genièvre
- sel et poivre du moulin

La veille, piquez le gigot de grains de genièvre, enveloppez-le dans un linge humide et entreposez-le toute la nuit dans le bas du réfrigérateur. Le jour même, sortez le gigot du réfrigérateur 2 h avant de le faire cuire. Préchauffez le four à 240 °C (th. 8).

Mettez le gigot dans un plat à gratin, huilez-le légèrement, salez, parsemez de noix de beurre, glissez au four et faites cuire 10 min. Baissez la température à 220 °C (th. 7-8) et laissez cuire 40 min, en arrosant régulièrement.

Sortez la viande du four, enveloppez-la dans une feuille de papier d'aluminium et laissez reposer 15 min. Dégraissez le plat de cuisson du gigot, déglacez avec quelques cuillerées à soupe d'eau, en grattant bien le fond du plat pour détacher les sucs, filtrez ce jus dans une passoire fine et reversez-le dans une casserole.

Épluchez les pommes de terre, taillez-les en rondelles d'environ 1 cm d'épaisseur (ne les lavez pas afin de conserver la fécule qui assurera la liaison).

Mettez-les dans une casserole avec le thym et le laurier, versez du lait à hauteur, salez, poivrez, portez à ébullition, puis laissez frémir de 20 à 25 min, à couvert (vérifiez la cuisson des pommes de terre en les piquant de la pointe du couteau : elles doivent rester fermes).

Retirez les pommes de terre de leur lait de cuisson à l'aide d'une écumoire, disposez-les dans un plat à gratin beurré. Faites réduire de moitié sur feu vif le lait de cuisson avec la crème fraîche, salez, poivrez, versez sur les pommes de terre, glissez au four et laissez cuire 15 min.

Réchauffez doucement le jus de viande. Servez le gigot avec les pommes de terre à la crème à part et le jus en saucière.

« Sortez toujours une viande du réfrigérateur 2 h, voire plus, avant de la cuire afin que la température soit la même à l'extérieur et à cœur. Si vous manquez de temps, réchauffez-la sur un radiateur.

Il vaut mieux ne pas trop cuire la pièce de viande. L'envelopper de papier d'aluminium permet non seulement de la tenir au chaud, mais également de laisser les fibres se détendre : le sang, concentré au cœur de la pièce sous l'effet de la cuisson, se répand alors uniformément dans les chairs.

À la cuisson, le lait peut attacher légèrement au fond de la casserole. N'hésitez pas à ajouter ces « plaques » aux pommes de terre, c'est excellent ! »

mignon de veau à la fourme d'Ambert, purée persillée

Ces morceaux de veau étaient souvent « réservés » quand l'abattage se faisait encore de manière artisanale. L'influence paysanne est ici manifeste, jusque dans la confection de la sauce que la fourme persillée relève.

POUR 4 PERSONNES PRÉPARATION 40 MIN
CUISSON ENVIRON 45 MIN

800 g de mignon de veau ≈ 1 kg de pommes de terre ≈ 1 bouquet de persil plat ≈ 2 gousses d'ail ≈ 200 g de fourme d'Ambert ≈ 30 cl de crème fraîche liquide ≈ 10 cl de lait entier ≈ 20 cl de vin blanc ≈ 150 g de beurre ≈ 1 cuil. à soupe d'huile d'arachide ≈ 1 pincée de noix de muscade ≈ gros sel, sel et poivre du moulin

Épluchez les pommes de terre et les gousses d'ail, faites-les cuire ensemble à l'eau salée (comptez 1 cuillerée à soupe de gros sel par litre d'eau).

Équeutez, lavez, essorez et ciselez grossièrement le persil plat. Prélevez environ 10 cl d'eau de cuisson des pommes de terre, égouttez celles-ci et remettez-les dans la casserole chaude.

Écrasez-les grossièrement à la fourchette en incorporant peu à peu l'eau de cuisson et le lait, parsemez de 120 g de beurre coupé en petits morceaux, du persil haché, parfumez de noix de muscade. Mélangez, salez, poivrez et conservez au chaud.

Escalopez le mignon de veau en tranches épaisses d'environ 0,5 cm. Dans une sauteuse, faites fondre le reste du beurre avec l'huile et mettez-y les tranches de veau à cuire 5 min sur feu doux. Retirez-les de la sauteuse, conservez-les sur une assiette chaude couverte d'un papier d'aluminium.

Éliminez l'excédent de graisse de la sauteuse, déglacez avec le vin blanc sur feu vif et laissez réduire jusqu'à évaporation presque complète.

Versez la crème liquide, faites réduire d'un tiers sur feu vif, puis ajoutez la fourme en petits morceaux, en fouettant sans cesse. Filtrez la sauce dans une passoire fine en pressant avec le dos d'une cuillère.

Dressez les tranches de mignon sur un plat chaud, poivrez, et nappez-les de sauce. Servez avec la purée.

« Au dernier moment, lorsque la purée est dans les assiettes, on peut parsemer un peu de gros sel, qui ajoutera de la rusticité.
Si l'on fait cuire le filet mignon avec du beurre clarifié, il est inutile d'ajouter de l'huile. »

palette de porc, navets au cidre

Rien n'est meilleur, pour accompagner ce morceau, que les petits navets nouveaux qui caramélisent, roulés comme des billes dans le bon cidre et le bon beurre.

Pour 4 personnes Préparation 20 min
Cuisson environ 2 h 10 Trempage 12 h

1 palette de porc de 1,5 kg ≈ 1 litre de cidre brut ≈ 12 petits navets ≈ 1 carotte ≈ 1 oignon ≈ 1 feuille de laurier ≈ 1 branche de thym ≈ 20 cl de crème fraîche (facultatif) ≈ 1 tablette de bouillon de volaille ≈ 2 cuil. à soupe de beurre ≈ 8 grains de poivre ≈ 1 clou de girofle ≈ sel et poivre du moulin

La veille, mettez la palette dans une bassine d'eau froide et laissez-la dessaler 3 h, en changeant l'eau à deux reprises. Dégraissez bien après dessalage.

Le jour même, préchauffez le four à 160 °C (th. 5-6).

Épluchez et hachez grossièrement la carotte et l'oignon. Dans une cocotte allant au four, faites-les suer 3 min sur feu vif avec 1 cuillerée à soupe de beurre, en remuant. Ajoutez la palette, le clou de girofle, les grains de poivre, la tablette de bouillon de volaille émietté, le thym et le laurier. Versez le cidre. Portez à ébullition, couvrez, glissez au four et laissez cuire 1 h 30.

Pelez les navets, ajoutez-les dans la cocotte, faites cuire encore de 20 à 30 min (vérifiez la cuisson de la palette et des navets en les piquant à cœur de la pointe du couteau).

Retirez le porc et les navets, filtrez la sauce dans une passoire fine et reversez-la dans la cocotte. Incorporez éventuellement la crème fraîche et faites bouillir jusqu'à léger épaississement, rectifiez l'assaisonnement.

Mettez la viande et les légumes à réchauffer dans la sauce, sur feu doux, à couvert. Servez bien chaud.

« Si vous avez un goût prononcé pour l'aigre-doux, vous pouvez également glacer les navets à part. Dans une sauteuse, portez à ébullition 4 cuillerées à soupe de vinaigre de cidre avec 1 petite cuillerée à café de miel et 2 cuillerées à café de beurre, sel et poivre du moulin. Ajoutez les navets et « vannez » (c'est-à-dire secouez la poêle pour y faire rouler les navets), jusqu'à ce que le liquide devenu sirupeux les enrobe. »

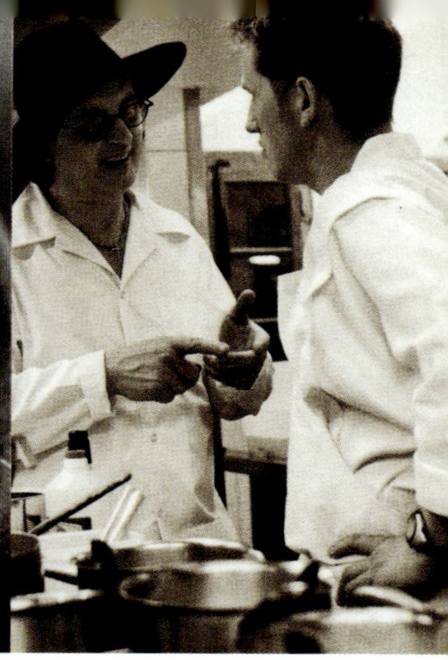

pieds de cochon au persillé des Aravis

Dans les pays où la moutarde était rare et chère, on rehaussait souvent les vinaigrettes d'une pointe de fromage fort.

POUR 4 PERSONNES

PRÉPARATION 10 MIN

CUISSON ENVIRON 30 MIN

4 pieds de porc cuits dans leur gelée

200 g de persillé des Aravis

1 orange

1 cuil. à soupe d'huile d'olive

5 cuil. à soupe d'huile d'arachide

1 cuil. à soupe de vinaigre de vin blanc

1 cuil. à soupe de vinaigre de vin rouge

4 cuil. à soupe de bouillon de légumes

1/2 morceau de sucre

sel et poivre du moulin

Dans une cocotte, faites réchauffer les pieds de porc 30 min, sur feu très doux.

Préparez la vinaigrette avec les deux huiles, les deux vinaigres, le sucre frotté sur l'écorce de l'orange, le bouillon de légumes, mélangez, salez, poivrez. Émiettez le fromage, mélangez-le à la vinaigrette et mixez.

Égouttez les pieds de porc, servez-les chauds avec la vinaigrette à part, en saucière.

« Un morceau de sucre frotté sur une écorce agit comme une râpe en s'imprégnant de l'essence de l'agrume. Attention, néanmoins, à ne pas incorporer ce morceau de sucre dans une préparation avant cuisson, car l'essence est très volatile ; le sucre doit donc être ajouté au tout dernier moment pour ne rien perdre de son parfum. »

porc aux pruneaux

Le sucré-salé a laissé des traces jusque dans cette recette du Val de Loire qui ressemble, à bien des égards, au porc aigre-doux des Chinois.

POUR 4 PERSONNES PRÉPARATION 25 MIN
CUISSON ENVIRON 1 H 15 MACÉRATION 12 H

1,2 kg de filet de porc ≈ 200 g de poitrine fumée ≈ 12 pruneaux ≈ 20 cl de crème fraîche liquide ≈ 40 cl de vouvray sec ≈ 1 petite cuil. à soupe de farine ≈ 1 tablette de bouillon de volaille ≈ 1 cuil. à soupe de graisse d'oie (ou, à défaut, de beurre et d'huile) ≈ 1 pincée de cannelle ≈ 3 grains de poivre ≈ sel et poivre du moulin

La veille, rincez les pruneaux sous l'eau chaude du robinet, placez-les dans un bocal, versez le vouvray par-dessus, parfumez de cannelle, ajoutez les grains de poivre et entreposez au frais.

Le jour même, portez le vouvray dans lequel ont macéré les pruneaux à ébullition, ajoutez ces derniers et laissez infuser 15 min à couvert.

Ôtez la couenne et taillez la poitrine fumée en dés, placez ces lardons dans une casserole d'eau froide et portez à ébullition, rafraîchissez sous l'eau froide du robinet, laissez égoutter. Dégraissez et taillez le filet de porc en gros cubes. Mettez ces morceaux de viande à rissoler 3 min dans la graisse d'oie chaude. Saupoudrez de farine tamisée, faites cuire 1 min en remuant.

Retirez les pruneaux du vin dans lequel ils ont infusé, versez celui-ci sur les morceaux de viande, ajoutez le bouillon de volaille écrasé dans 10 cl d'eau chaude, ainsi que les lardons ; couvrez et faites cuire 1 h 15 sur feu doux.

Retirez les cubes de porc et les lardons à l'aide d'une écumoire, ajoutez la crème fraîche et faites réduire la sauce sur feu vif jusqu'à léger épaississement, rectifiez l'assaisonnement.

Filtrez la sauce dans une passoire, reversez-la dans une casserole, ajoutez-y les pruneaux et la viande, et faites réchauffer quelques instants sur feu doux. Servez accompagné d'une purée de pommes de terre.

« Les pruneaux gonfleront plus rapidement si vous les passez, au préalable, sous l'eau chaude du robinet pour éliminer la pellicule de sucre qui recouvre leur peau. »

côtes de veau au verjus, crêpe d'épinards

De Taillevent à Alexandre Dumas, le verjus entre à souhait dans la préparation des sauces et des accompagnements. Il était préparé à partir des raisins verts que les vendangeurs laissaient dans les vignes, ce qui est plus rare aujourd'hui.

POUR 4 PERSONNES

PRÉPARATION 50 MIN

CUISSON ENVIRON 25 MIN

- 4 côtes de veau de 200 g chacune
- 1 kg d'épinards frais
- 4 échalotes grises
- 2 gousses d'ail
- 1 bouquet de persil plat
- 2 œufs
- 1 cuil. à soupe de farine
- 20 cl de lait
- 5 cuil. à soupe de verjus (dans les épiceries fines)
- 1 cuil. à soupe de graisse d'oie
- 3 cuil. à soupe de beurre
- gros sel, sel fin et poivre du moulin

Hachez finement les échalotes ainsi que 1 gousse d'ail coupée en deux et dégermée. Équeutez, lavez, essorez et ciselez 15 branches de persil plat. Malaxez le beurre à la fourchette dans un bol avec le hachis d'ail-échalote et le persil ciselé, salez, poivrez.

Équeutez et lavez les épinards à grande eau. Portez une grande casserole d'eau salée à ébullition (comptez 1 cuillerée à soupe de gros sel par litre d'eau) avec la seconde gousse d'ail épluchée, et plongez-y les épinards. Faites cuire 3 min après la reprise de l'ébullition. Égouttez, retirez la gousse d'ail, pressez les épinards dans la main pour en exprimer le maximum d'eau.

Préchauffez le four à 180 °C (th. 6).

Hachez les épinards, étalez-les dans un plat à gratin. Délayez la farine dans le lait, ajoutez les œufs, fouettez à la fourchette, salez, poivrez et versez sur les épinards. Mélangez intimement, glissez au four et laissez cuire 12 min.

Salez les côtes de veau, poêlez-les environ 10 min sur feu doux dans la graisse d'oie fondue. Dégraissez la poêle, tartinez les côtes de veau de beurre persillé, remettez-les dans la poêle, couvrez et laissez cuire encore 3 min sur feu très doux.

Posez les côtes de veau sur des assiettes chaudes. Sur feu vif, déglacez le jus rendu avec le verjus et nappez-en les côtes de veau. Servez aussitôt avec la crêpe d'épinards.

« Salez l'eau de cuisson des épinards lorsqu'elle bout : du sel mis en début de cuisson allonge, en effet, le temps d'ébullition.
Ces côtes peuvent également être grillées, mais elles seront plus sèches. »

pormonier à la tomme blanche

Manger la tomme blanche de fromage frais, c'est comme manger son blé en herbe. Mais jamais le fromage ne paraît aussi bon, accompagné de cette délicieuse saucisse savoyarde composée de lard maigre, de chou et d'herbes.

Pour 4 personnes Préparation 15 min
Cuisson environ 30 min

4 pormoniers (en vente dans les bonnes charcuteries et certaines grandes surfaces) ≈ 4 grosses pommes de terre ≈ 1 salade frisée ≈ 150 g de mâche ≈ 1 gousse d'ail ≈ 200 g de tomme blanche fraîche ≈ 1 bonne cuil. à soupe de vinaigre de vin blanc ≈ 1 pincée de sucre semoule ≈ gros sel, sel fin et poivre du moulin

Brossez les pommes de terre, faites-les cuire 30 min à l'eau salée.

Préparez la vinaigrette en mélangeant l'huile, le vinaigre, le sucre, salez, poivrez. Triez, lavez soigneusement et essorez les salades. Pelez la gousse d'ail, coupez-la en deux et retirez-en le germe, taillez-la très fin et ajoutez-la à la vinaigrette, mixez.

Placez les pormoniers dans une casserole d'eau froide, portez à ébullition puis faites frémir 6 min. Saupoudrez la tomme de gros sel, assaisonnez la frisée et la mâche de vinaigrette.

Servez les saucisses, le fromage, les pommes de terre et les salades en même temps.

« Pour que ne subsistent plus de grains de sable, lavez la mâche dans de l'eau tiède, puis plongez-la dans de l'eau glacée pour lui redonner toute sa vigueur. »

poires touronde

Les desserts désignent les mets servis après le repas, une fois la table... desservie. Longtemps dans les campagnes, ils se sont composés de confitures ou de fruits. Ces poires cuisinées sont un modèle du genre.

POUR 4 PERSONNES PRÉPARATION 10 MIN CUISSON ENVIRON 20 MIN

800 g de poires fermes ≈ 80 g de sucre semoule ≈ 30 cl de crème fraîche épaisse ≈ 50 g de beurre

Préchauffez le four à 220 °C (th. 7-8).

Pelez les poires, taillez-les en quartiers, épépinez-les. Disposez-les dans un plat à gratin généreusement beurré. Saupoudrez de sucre semoule, parsemez de quelques noix de beurre, glissez au four et faites cuire 15 min.

Sortez du four, couvrez de crème fraîche, remettez au four et faites cuire encore 5 min. Servez tiède.

« Veillez à ce que le plat ne soit pas trop grand : les fruits doivent le garnir et non pas se perdre dedans. »

pommes à la « grivette »

Cette préparation aux pommes n'est pas seulement un dessert très rafraîchissant. Prise le matin, on la disait souveraine, donnant joues roses, fraîches et juvéniles...

POUR 4 PERSONNES PRÉPARATION 5 MIN RÉFRIGÉRATION 30 MIN

2 belles pommes ≈ 30 cl de lait ribot (dans les crémeries) ≈ 2 à 3 cuil. à soupe de sucre semoule

Lavez les pommes, essuyez-les, évidez-les à l'aide d'un vide-pomme. Râpez-les avec une râpe à fromage en utilisant les gros trous. Mêlez cette râpée de pomme au lait caillé, sucrez.

Entreposez 30 min au réfrigérateur et servez bien frais.

« On peut ajouter 1 pincée de cannelle ou encore 1 cuillerée à soupe de calvados. »

pommes au cidre

Cette recette est originaire du Calvados. Naguère, tout se gardait ! Ainsi les épluchures de pomme, que l'on mettait à sécher au four, puis que l'on utilisait en infusion du soir. Cette recette-ci avait la propriété de faciliter l'endormissement. On la recommandait également aux rhumatisants.

POUR 4 PERSONNES

PRÉPARATION 10 MIN

CUISSON ENVIRON 25 MIN

4 pommes

25 cl de cidre brut

40 g de beurre

2 à 3 cuil. à soupe rases de sucre semoule

1 cuil. à soupe de miel

Préchauffez le four à 180 °C (th. 6).

Évidez les pommes à l'aide d'un vide-pomme, pelez-les, coupez-les en deux à mi-hauteur. Disposez ces moitiés de pomme dans un plat à gratin généreusement beurré, enfoncez 1 noix de beurre dans la partie évidée des pommes, puis complétez avec le miel. Versez le cidre, glissez au four et faites cuire de 15 à 20 min.

Vérifiez régulièrement la cuisson des pommes en les piquant de la pointe du couteau. Lorsqu'elles n'offrent qu'une légère résistance, saupoudrez-les de sucre semoule. Laissez cuire encore 5 min, le temps que les pommes caramélisent légèrement.

Retirez les pommes de leur plat de cuisson. Versez le jus rendu dans une casserole et faites réduire sur feu vif jusqu'à consistance sirupeuse.

Replacez les pommes dans le plat, nappez du jus de cuisson réduit et servez aussitôt.

« On peut remplacer le beurre doux par du beurre salé, qui se marie heureusement avec les pommes comme avec le miel. »

crapiaux aux pommes

Ces cousins des crapées (crêpes de céréales) se faisaient cuire dans l'âtre, graissés de saindoux. On les dégustait à toute heure, avec un petit verre d'aligoté.

Pour 4 personnes

Préparation 20 min

Cuisson environ 10 min

Repos 12 h

4 pommes
(reinettes de préférence)

4 œufs

250 g de farine

50 cl de lait

100 g de sucre semoule

50 g de beurre

4 cuil. à soupe de rhum
(ou de calvados)

1 pincée de sel

Confectionnez la pâte à crêpes : mettez dans un saladier 200 g de farine, le lait, les œufs, 50 g de sucre semoule et 1 pincée de sel, mélangez bien et laissez reposer 2 h à température ambiante.

Épluchez et détaillez les pommes en quartiers, puis coupez ces derniers transversalement en fines lamelles. Mettez ces lamelles de pomme dans un saladier, recouvrez du sucre semoule restant, arrosez de rhum (ou de calvados) et laissez macérer ainsi 15 min.

Incorporez les lamelles de pomme à la pâte à crêpes. Dans une poêle, faites chauffer 1 noix de beurre, versez 1/3 de louche de pâte aux pommes et laissez cuire 1 min au moins sur une face, puis sur l'autre. Confectionnez ainsi les crêpes au fur et à mesure. Saupoudrez de sucre dans les assiettes.

« La pâte à crêpes ne doit pas être trop liquide. Pour vous en assurer, trempez la louche dans la pâte, retournez-la et passez le doigt sur le dos : si la trace reste bien nette, la pâte est à bonne consistance. »

salade de fraises au vin

La salade de fraises au vin rouge est loin d'être oubliée. Ce qui l'est, en revanche, c'est la façon dont on la préparait jadis. Un art à redécouvrir avec d'excellentes fraises !

POUR 4 PERSONNES PRÉPARATION 10 MIN RÉFRIGÉRATION 1 H

750 g de grosses fraises ≈ 15 cl de vin rouge ≈ le jus de 1 citron ≈ sucre semoule ≈ poivre du moulin

Lavez et équeutez les fraises, détaillez-les en quartiers. Mettez-les dans un saladier, ajoutez du vin, du sucre semoule, du jus de citron par petites quantités, et ainsi de suite, en les mélangeant délicatement jusqu'à ce qu'elles ne puissent plus rien absorber. Entreposez 1 h au réfrigérateur.
Juste avant de servir, donnez un demi-tour de moulin à poivre.

« Si vous achetez les fraises la veille, pensez à les placer dans un grand plat creux tapissé d'un linge. Rabattez celui-ci sur les fruits et entreposez au réfrigérateur. Vous éviterez ainsi que les fraises ne se gâtent en stagnant dans leur humidité. Détaillées en quartiers, les fraises s'imprégneront mieux du vin, et la salade aura plus de volume.
Respectez bien la durée de repos indiquée : si elle est plus courte, les fraises n'ont pas le temps de s'imbiber ; si elle est plus longue, elles « cuisent dans le sucre » et perdent toute fermeté.
Le poivre rehausse admirablement le parfum des fraises, à condition, bien sûr, d'avoir la main légère. »

terrine normande de crêpes aux pommes

Les terrines de crêpes sont le fruit de la débrouillardise des ménagères. La pomme s'adapte très bien à ce style d'entremets, de même que la banane.

POUR 4 PERSONNES

PRÉPARATION 40 MIN

CUISSON ENVIRON 25 MIN

RÉFRIGÉRATION 12 H

800 g de pommes (reinettes de préférence)

4 œufs

200 g de farine

80 g de sucre semoule

15 cl de lait entier

1 cuil. à soupe de crème fraîche épaisse (facultatif)

200 g de beurre

4 cuil. à soupe de calvados

1 pincée de cannelle en poudre

1 pincée de sel

La veille, préparez la pâte à crêpes : faites chauffer 100 g de beurre jusqu'à ce qu'il prenne une couleur noisette. Dans un saladier, mettez la farine, 30 g de sucre semoule et le sel, mélangez, puis incorporez les œufs un à un jusqu'à l'obtention d'une pâte lisse. Délayez avec le lait et 20 cl d'eau, ajoutez le beurre fondu, remuez et laissez reposer 2 h à température ambiante.

Épluchez, épépinez et détaillez les pommes en morceaux. Mettez-les dans une casserole avec 3 cuillerées à soupe d'eau et faites compoter environ 10 min à couvert, sur feu doux. Ajoutez éventuellement la crème fraîche et faites sécher sur feu vif, à découvert, sans cesser de mélanger, jusqu'à l'obtention d'une compote de pommes suffisamment compacte pour qu'elle ne rende pas de jus à la découpe. Ajoutez 50 g de sucre semoule, la cannelle, le calvados, mélangez. Entreposez au frais.

Confectionnez les crêpes au beurre au fur et à mesure, en veillant à ce qu'elles soient aussi fines que possible. Appliquez 1 crêpe sur le fond et les parois d'une grande terrine (d'environ 26 cm de longueur), en veillant à ce qu'elle dépasse du moule, étalez une couche de compote, recouvrez de 1 crêpe et ainsi de suite, en terminant par une couche de compote.

Rabattez les crêpes sur la compote, recouvrez d'un film alimentaire et entreposez toute la nuit au réfrigérateur.

Le jour même, démoulez délicatement ou servez à même la terrine.

« On peut accompagner cette terrine d'une crème anglaise ou d'une confiture d'abricots détendue, à parts égales, avec de l'eau et du calvados. »

beignets de fleurs d'acacia

Ces beignets ne peuvent être confectionnés qu'en mai et juin, période de floraison des acacias. Selon le même principe, on peut également réaliser des beignets au sureau.

POUR 4 PERSONNES PRÉPARATION 25 MIN
CUISSON ENVIRON 10 MIN RÉFRIGÉRATION 2 H

30 grappes de fleurs d'acacia ≈ 2 blancs d'œufs ≈ 125 g de farine ≈ 15 cl de lait ≈ 30 cl de crème fraîche liquide ≈ 1 cuil. à soupe de beurre ≈ 4 cuil. à soupe de miel d'acacia ≈ 2 cuil. à soupe de vinaigre de vin blanc ≈ 1 trait de cognac ≈ 6 cl de bière ≈ huile de friture ≈ 2 cuil. à soupe de sucre candi ≈ 1 pincée de sel

Placez 2 cuillerées à soupe de crème fraîche ainsi que le bol dans lequel vous la monterez au congélateur. Versez 3 cuillerées à soupe de lait sur les fleurs d'acacia, couvrez. Entreposez 2 h au réfrigérateur, en retournant les fleurs de temps à autre.

Confectionnez la pâte à beignets : dans un saladier, mettez la farine, le restant de lait, la bière ainsi que le beurre fondu et la pincée de sel, mélangez et laissez reposer à température ambiante.

Préparez un coulis : faites chauffer le miel d'acacia jusqu'à ce qu'il colore très légèrement, versez le vinaigre de vin blanc et laissez réduire jusqu'à ce que le mélange devienne sirupeux. Ajoutez 25 cl de crème fraîche, faites réduire de moitié sur feu vif, en remuant, jusqu'à bonne onctuosité. Retirez du feu et rectifiez, si nécessaire, en miel ou en vinaigre. Laissez refroidir.

Fouettez la crème fraîche réservée dans le bol mis au congélateur. Faites chauffer l'huile de friture à 170 °C. Montez 2 blancs d'œufs en neige très ferme. Égouttez et épongez les fleurs d'acacia, équeutez-les, saupoudrez-les de sucre candi. Incorporez les blancs d'œufs dans la pâte à beignets, parfumez au cognac.

Trempez les fleurs d'acacia une à une dans la pâte et, à l'aide d'une petite cuillère, plongez-les dans la friture chaude. Faites cuire 1 min de chaque côté, retirez-les à l'aide d'une écumoire, égouttez sur du papier absorbant. Continuez ainsi jusqu'à épuisement des ingrédients.

Lorsque le coulis est froid, mixez-le, puis incorporez-y la crème fouettée. Servez avec les beignets bien chauds.

« Pour monter sans difficulté, la crème doit être très froide, ainsi que le récipient dans lequel on la fouette. On peut aussi refroidir la crème fraîche avec quelques cuillerées d'eau glacée ou, mieux, quelques glaçons pilés. »

battue aux fruits

Ce dessert originaire du Quercy, très simple, se prépare avec les fruits que l'on a à disposition, selon la saison.

POUR 4 PERSONNES PRÉPARATION 20 MIN
CUISSON ENVIRON 40 MIN

700 g de fruits divers à parts égales (abricots, pêches jaunes, framboises, cerises...) ≈ 3 œufs ≈ 5 cuil. à soupe de farine ≈ 4 cuil. à soupe de sucre semoule ≈ 1 sachet de sucre vanillé ≈ 2 cuil. à soupe de crème fraîche ≈ 1 cuil. à soupe de beurre ≈ 4 cuil. à soupe d'huile d'arachide ≈ ½ sachet de levure chimique ≈ 2 cuil. à soupe de kirsch ou autre eau-de-vie de fruits ≈ 1 pincée de sel

Mélangez dans un saladier le sucre semoule, le sucre vanillé, la levure chimique et le sel, ajoutez les œufs entiers et fouettez jusqu'à ce que l'ensemble soit bien homogène. Incorporez 4 cuillerées à soupe de farine tamisée, l'huile, la crème fraîche et le kirsch.

Préchauffez le four à 180 °C (th. 6).

Lavez, équeutez et dénoyautez les fruits. Beurrez généreusement et farinez un moule à génoise, versez-y de la pâte au tiers de sa hauteur, glissez-le au four et faites cuire 5 min.

Sortez le moule du four, disposez les fruits sur la pâte à peine prise, recouvrez du reste de pâte, replacez au four et faites cuire environ 35 min, en veillant à ce que la surface du flan ne colore pas trop. Couvrez, si nécessaire, d'une feuille de papier sulfurisé.

Laissez refroidir dans le moule et servez tiède.

« En remplaçant le beurre par de l'huile d'arachide, on obtiendra un dessert plus léger et digeste. Choisissez de préférence des pêches jaunes qui, plus charnues, tiennent mieux à la cuisson et rendent moins de jus. Contentez-vous pour les fruits à noyau de les couper en deux.

Le fait de précuire un peu de pâte empêchera les fruits de tomber au fond du moule. Cette méthode est plus efficace que celle consistant à les fariner au préalable. »

pain perdu d'alpage

Également appelé pain « virouné » dans le Berry et pain « ferré » en Picardie, le pain « perdu » permettait jadis d'utiliser le pain définitivement rassis.

POUR 4 PERSONNES   PRÉPARATION 10 MIN   CUISSON ENVIRON 10 MIN

4 belles tranches de pain de campagne rassises ≈ 4 œufs ≈ 50 cl de lait entier ≈ 100 g de beurre ≈ 3 cuil. à soupe de sucre glace ≈ sel et poivre du moulin

Cassez les œufs dans un saladier, versez le lait dessus et battez à la fourchette, salez et poivrez très légèrement. Trempez les tranches de pain dans ces œufs battus.

Faites chauffer le beurre dans une grande poêle. Quand il est mousseux, mettez-y les tranches de pain à dorer 2 min de chaque côté.

En fin de cuisson, saupoudrez de sucre glace et laissez caraméliser. Servez aussitôt.

« Le sucre glace est préférable au sucre en poudre. Il sera encore meilleur si vous le conservez dans un bocal, avec 2 gousses de vanille fendues en deux.
Ce pain perdu peut se flamber au rhum, mais il perd alors son côté rustique. »

tourtière aux pommes et aux pruneaux

La tourtière, dans laquelle on cuisait les tourtes, était un récipient en cuivre ou en fer, relativement plat et muni d'un couvercle, dont le bord légèrement relevé permettait de retenir la braise.

POUR 4 PERSONNES

PRÉPARATION 30 MIN

CUISSON ENVIRON 40 MIN

500 g de pommes (reinettes de préférence)

8 pruneaux à l'armagnac

350 g de pâte feuilletée surgelée

1 jaune d'œuf

1 cuil. à soupe de farine

100 g de sucre semoule

1 cuil. à soupe de beurre

1 grosse cuil. à soupe de miel

Sur un plan de travail fariné, séparez la pâte feuilletée en deux morceaux d'égale grosseur. Étalez le premier morceau en un cercle d'un diamètre supérieur à celui d'un moule à tarte de 22 cm. Déposez-le dans le moule. Étalez également le second morceau en un cercle d'un diamètre légèrement supérieur à celui du moule. Laissez reposer 30 min au réfrigérateur.

Épluchez et coupez les pommes en deux, épépinez-les et râpez-les à l'aide d'une râpe à carottes. Mettez cette râpée de pomme dans une casserole, ajoutez le sucre semoule, le miel, 2 cuillerées à soupe d'eau et faites cuire 10 min sur feu doux, en remuant. Laissez refroidir. Dénoyautez les pruneaux, mélangez-les aux pommes.

Préchauffez le four à 210 °C (th. 7). Versez le mélange pommes-pruneaux dans le moule, coiffez du cercle de pâte, humidifiez les bords et soudez-les en les pinçant. Battez le jaune d'œuf avec 2 gouttes d'eau et badigeonnez-en le couvercle de pâte feuilletée.

Glissez au four et faites cuire environ 20 min. Baissez la température à 180 °C (th. 6) et faites encore cuire 10 min. Servez tout juste tiède.

« On utilise, de préférence, du miel d'acacia, moins puissant en parfum que beaucoup d'autres.

Compte tenu de sa minceur, ne découpez pas cette tourtière au couteau, au risque de l'écraser plus encore. Mieux vaut recourir à la méthode de nos grands-mères : elles découpaient ce genre de tourte – de même que la galette des rois – à l'aide d'une grosse paire de ciseaux. »

tarte de semoule aux raisins et cerneaux de noix

La semoule disparaît dans les entremets contemporains au profit du riz. Autrefois, elle était fort prisée, notamment dans les couronnes, crèmes et soufflés.

POUR 4 PERSONNES PRÉPARATION 40 MIN
CUISSON ENVIRON 40 MIN TREMPAGE 12 H

100 g de semoule fine ≈ 300 g de pâte sablée surgelée ≈ 3 œufs ≈ 75 g de sucre semoule ≈ 50 g de cassonade ≈ 50 cl de lait ≈ 75 g de beurre ≈ 1 cuil. à soupe de farine ≈ 20 cerneaux de noix ≈ 1 poignée de raisins de Corinthe ≈ rhum (facultatif) ≈ 1 pincée de sel

La veille, mettez les raisins à gonfler dans un bol d'eau tiède, parfumée ou non de rhum.

Le jour même, sur un plan de travail fariné, étalez la pâte le plus finement possible, déposez-la dans un moule à tarte d'environ 22 cm de diamètre, beurré et fariné. Laissez reposer 30 min au réfrigérateur.

Dans une grande casserole, versez le lait, ajoutez le sucre semoule et portez à ébullition. Versez-y la semoule en pluie, en remuant, puis incorporez 50 g de beurre, le sel et faites cuire selon les indications mentionnées sur l'emballage.

Retirez du feu, mélangez à la spatule pour accélérer le refroidissement. Lorsque la semoule a tiédi, incorporez les œufs, fouettez, puis ajoutez les cerneaux de noix grossièrement concassés et les raisins bien égouttés.

Préchauffez le four à 180 °C (th. 6). Piquez le fond de tarte avec les dents d'une fourchette, tapissez-le de papier d'aluminium et remplissez de haricots secs. Glissez au four et faites cuire 10 min à blanc. Retirez papier et haricots secs, versez la semoule sur le fond de tarte, glissez au four et faites cuire de 30 à 40 min.

Saupoudrez de cassonade, passez sous le gril jusqu'à bonne coloration et servez tiède.

« Pour une cuisson à blanc, utilisez des haricots secs ou, mieux encore, des petits cailloux bien ronds. »

confiture de lait

Oubliée un temps, la confiture de lait connaît un regain d'intérêt. Elle est de plus très facile à réaliser. Sur le même principe, on peut aussi faire de la confiture de vin.

POUR 4 PERSONNES PRÉPARATION 20 MIN CUISSON ENVIRON 2 H 15 REPOS 8 JOURS

1 litre de lait entier ≈ 500 g de sucre semoule ≈ 1 gousse de vanille

Versez le lait dans une grande casserole. Fendez en deux la gousse de vanille dans le sens de la longueur, grattez-la de la pointe du couteau pour libérer les graines, mettez celles-ci ainsi que la gousse dans le lait, ajoutez le sucre semoule. Portez très lentement à ébullition, en remuant doucement à l'aide d'une spatule en bois. Laissez ensuite frémir 2 h, en remuant de temps à autre.

En fin de cuisson, dès que le mélange commence à épaissir, mélangez de plus en plus souvent. Retirez la gousse de vanille. Quand la confiture commence à prendre la consistance d'une sauce, mélangez sans arrêt.

La confiture est cuite lorsqu'elle a pris la consistance d'une sauce Béchamel et que sa couleur vire au caramel blond. Versez-la dans des pots, laissez-la reposer au frais 8 jours environ avant de la consommer.

« On peut réaliser une confiture de lait à partir d'une boîte de lait concentré sucré. Remplissez une Cocotte-Minute au tiers d'eau, mettez-y la boîte, fermez et laissez cuire 1 h sous pression. Laissez refroidir complètement la boîte avant de l'ouvrir. »

pachade

Originaire du Sud-Ouest, la pachade, dont la pâte est proche de celle du clafoutis limousin, compte parmi les desserts faciles à préparer.

POUR 4 PERSONNES PRÉPARATION 10 MIN CUISSON ENVIRON 40 MIN
TREMPAGE 12 H

200 g de pruneaux d'Agen ≈ 4 œufs ≈ 4 cuil. à soupe de farine ≈ 4 cuil. à soupe de sucre semoule ≈ 2 cuil. à soupe de crème fraîche épaisse ≈ 10 cl de lait entier ≈ 1 cuil. à soupe de beurre ≈ 10 cl d'armagnac (facultatif)

La veille, mettez les pruneaux dans un bol d'eau tiède éventuellement parfumée à l'armagnac et laissez macérer toute la nuit.
Le jour même, préchauffez le four à 180 °C (th. 6).
Fouettez les œufs avec le sucre semoule jusqu'à ce que le mélange soit homogène, incorporez la farine tamisée, puis le lait et la crème fraîche.
Beurrez généreusement un plat à gratin, tapissez le fond de pruneaux égouttés et dénoyautés et recouvrez de crème aux œufs. Glissez au four, faites cuire environ 30 min. Servez tiède.

« Inutile, ici, de monter les œufs et le sucre au ruban, c'est-à-dire jusqu'à ce que le mélange soit blanc et coule en ruban lorsque l'on soulève le fouet. »

gargouillau de poires

Comme le piquenchâgne (gâteau aux poires), le gargouillau vient de Bourgogne, également patrie de la « pompe aux pommes ».

POUR 4 PERSONNES PRÉPARATION 15 MIN CUISSON ENVIRON 25 MIN

4 poires ≈ 4 jaunes d'œufs ≈ 50 g de farine ≈ 50 g de sucre en poudre ≈ 30 cl de lait entier ≈ 1 belle noix de beurre ≈ 3 cuil. à soupe d'eau-de-vie de poire (facultatif) ≈ 1 pincée de sel

Fouettez le sucre en poudre avec les jaunes d'œufs jusqu'à ce que le mélange blanchisse et devienne bien homogène. Versez-y la farine en pluie, délayez avec le lait et ajoutez 1 pincée de sel. Parfumez éventuellement avec un peu d'eau-de-vie de poire.

Préchauffez le four à 210 °C (th. 7).

Épluchez les poires, évidez-les, détaillez-les en rondelles de 2 cm d'épaisseur. Versez la pâte dans un plat à gratin beurré, couchez les rondelles de poire dessus en veillant à ce qu'elles se chevauchent légèrement.

Glissez au four et faites cuire de 20 à 30 min. Servez tiède.

« On ajoute toujours une petite pincée de sel dans ce genre d'entremets pour en rehausser le goût. C'est le fameux « grain de sel », omniprésent dans les livres de recettes d'avant-guerre, d'où l'expression « mettre son grain de sel » pour désigner une personne qui se mêle de tout.

Les poires peuvent être coupées en quartiers, mais si l'on veut respecter la recette traditionnelle, on les détaille en rondelles. »

compote de pommes et de coings

La compote était autrefois un mets « composite », c'est-à-dire composé de plusieurs aliments, salés (poissons ou viandes confits dans le vinaigre) ou sucrés (fruits confits au vin, au sucre ou au miel). On pouvait la parfumer de cannelle et de girofle.

POUR 4 PERSONNES
PRÉPARATION 15 MIN
CUISSON 20 MIN
6 pommes
2 coings
2 cuil. à soupe de sucre semoule

Épluchez les coings, taillez-les en quartiers, épépinez-les. Placez-les dans une casserole avec le sucre semoule, couvrez d'eau à hauteur et laissez cuire à couvert, sur feu doux. Vérifiez-en la cuisson en les piquant régulièrement de la pointe du couteau.
Épluchez et épépinez les pommes, taillez-les en quartiers et détaillez ces derniers en morceaux. Mettez-les dans une casserole avec 2 cuillerées à soupe d'eau et faites-les cuire environ 10 min, à couvert, sur feu doux. Laissez tiédir les pommes.
Lorsque les coings sont cuits, prélevez-les à l'aide d'une écumoire et ajoutez-les aux pommes. Mélangez. Faites réduire le liquide de cuisson des coings sur feu vif jusqu'à consistance sirupeuse.
Répartissez la compote encore tiède dans les assiettes et nappez de sirop de coing.

« Pour que les pommes conservent tout leur parfum, évitez d'ajouter du sucre.
Il est impossible de donner un temps de cuisson pour les coings. Aussi, piquez-les de la pointe du couteau régulièrement pour vérifier s'ils sont cuits ou non. »

pommes au four

La pomme, du latin *pomum* signifiant « fruit », est le fruit par excellence, puisque sa présence est attestée en Europe dès l'époque préhistorique. Rien d'étonnant donc à ce qu'elle se retrouve dans maints desserts. La recette, ici, est signée Benoît Perrat, cuisinier et auteur de *Comus en Bresse*, qui l'a remise au goût du jour.

POUR 4 PERSONNES PRÉPARATION 10 MIN CUISSON ENVIRON 30 MIN

4 pommes (reinettes du Canada ou calville de préférence) ≈ le zeste de 1 citron ≈ 3 jaunes d'œufs ≈ 1 cuil. à café de farine ≈ 4 cuil. à soupe de sucre semoule ≈ 25 cl de crème fraîche épaisse ≈ 50 g de beurre ≈ 1 petite pincée de sel

Préchauffez le four à 180 °C (th. 6).

Évidez puis pelez les pommes, coupez-les en deux. Beurrez un plat à gratin et disposez dedans les moitiés de pomme, saupoudrez de 1 cuillerée à soupe de sucre semoule et parsemez de beurre coupé en petites parcelles. Glissez au four et laissez cuire environ 20 min.

Hachez très finement le zeste du citron. Délayez la farine dans la crème fraîche, incorporez 2 cuillerées à soupe de sucre semoule, les jaunes d'œufs, le zeste de citron et le sel. Vérifiez la cuisson des pommes en les piquant de la pointe du couteau. Lorsqu'elles sont presque cuites et qu'elles offrent encore une légère résistance, versez la préparation aux œufs dessus.

Glissez à nouveau au four et faites cuire environ 10 min, le temps que la crème prenne. Saupoudrez de sucre et laissez caraméliser 3 min sous le gril du four. Ce dessert est aussi bon chaud que froid.

« En ajoutant au fond du plat 1 cuillerée à soupe d'eau, on évite que les pommes ne se dessèchent. On peut également les recouvrir d'un papier sulfurisé beurré. »

pêches au four, au cassis

C'est au milieu du XIXe siècle qu'un liquoriste de Dijon mit au point la « crème de cassis », laquelle devait connaître un essor particulier après-guerre, notamment grâce au kir, popularisé par le chanoine du même nom.

POUR 4 PERSONNES PRÉPARATION 15 MIN
CUISSON ENVIRON 40 MIN RÉFRIGÉRATION 12 H

4 grosses pêches (ou 8 moyennes) ≈ 150 g de grains de cassis surgelés ≈ 75 cl de vin rouge ≈ 20 cl de crème de cassis ≈ 2 cuil. à soupe de sucre semoule ≈ 2 cuil. à soupe de beurre ≈ 1 bâton de cannelle

La veille, portez à ébullition le vin rouge avec le bâton de cannelle. Faites cuire 10 min, retirez du feu et laissez infuser 20 min à couvert.

Plongez les pêches 30 secondes dans de l'eau bouillante, rafraîchissez-les aussitôt sous l'eau du robinet, pelez-les. Mettez ces fruits dans une casserole suffisamment grande pour qu'ils ne se chevauchent pas.

Versez sur les pêches le vin rouge parfumé, après en avoir retiré le bâton de cannelle. Recouvrez le mélange d'un film alimentaire et entreposez au réfrigérateur toute la nuit.

Le jour même, préchauffez le four à 180 °C (th. 6).

Parsemez le fond d'un plat à gratin de parcelles de beurre et de grains de cassis, ajoutez les pêches, arrosez de crème de cassis et de 20 cl de vin de macération.

Glissez au four et faites cuire 30 min, en arrosant fréquemment du jus de cuisson.

Faites réduire le reste du vin de macération additionné de 2 cuillerées à soupe de sucre, sur feu vif, jusqu'à consistance sirupeuse. Retirez délicatement les pêches de leur plat de cuisson, placez-les 2 h au frais.

Versez le jus de cuisson ainsi que les grains de cassis dans le vin réduit en sirop, mélangez. Servez les pêches arrosées de leur jus de cuisson.

« Pour que le bâton de cannelle développe tout son parfum, coupez-le en deux dans le sens de la longueur. Inutile de décongeler les grains de cassis : leur parfum et leur couleur seront plus concentrés. »

tartouillat des moissonneurs aux cerises, en feuille de chou

« Tartouiller », c'est touiller. La particularité de ce dessert, cousin du milliat périgourdin ou du clafoutis limousin, est d'être cuit dans une feuille de chou qui fait office de moule individuel.

POUR 4 PERSONNES PRÉPARATION 40 MIN
CUISSON ENVIRON 25 MIN REPOS 1 H

300 g de cerises aigrelettes (montmorency) ≈ 4 belles et grandes feuilles de chou ≈ 5 jaunes d'œufs ≈ 75 g de farine ≈ 170 g de sucre semoule ≈ 50 cl de lait ≈ 35 g de beurre ≈ 1/2 sachet de levure chimique ≈ 1 gousse de vanille ≈ 2 cuil. à soupe de kirsch

Lavez et équeutez les cerises. Fendez la gousse de vanille en deux dans le sens de la longueur, grattez les graines contenues à l'intérieur et mélangez-les à 20 cl de lait (gardez la gousse).

Dans un saladier, versez la farine, 70 g de sucre semoule et la levure chimique. Faites un puits et ajoutez 2 jaunes d'œufs au centre. Mélangez doucement à l'aide d'une spatule en incorporant progressivement le lait vanillé. Parfumez avec le kirsch, ajoutez les cerises et laissez la pâte reposer 1 h.

Préparez la crème anglaise : dans un saladier, fouettez 3 jaunes d'œufs avec 100 g de sucre semoule jusqu'à ce que le mélange blanchisse et forme un ruban (lorsqu'on soulève le batteur, la pâte s'écoule en un ruban qui persiste en surface). Portez le reste du lait à ébullition avec la gousse de vanille. Versez un peu de lait bouillant sur les jaunes d'œufs, mélangez et reversez le tout dans le lait. Mélangez 2 min à la spatule.

Versez aussitôt cette crème anglaise dans un saladier, retirez la gousse de vanille et fouettez vivement pour hâter le refroidissement.

Retirez la plaque du four, préchauffez le four à 210 °C (th. 7). Faites fondre le beurre ; lavez et essuyez soigneusement les feuilles de chou, badigeonnez-les soigneusement de beurre à l'aide d'un pinceau. Disposez ces feuilles de chou sur la plaque du four, versez dans chacune de 3 à 4 cuillerées de pâte, glissez au four et laissez cuire 20 min.

Sortez du four et laissez reposer 1 h. Servez les tartouillats avec la crème anglaise à part, en saucière.

« Ce dessert classique peut également se confectionner avec des poires ou des pommes, et se parfumer au rhum. La crème anglaise, ici, est une « innovation » par rapport à la recette originale.

Veillez à ce que la pâte soit dépourvue de grumeaux ! S'il en subsiste quelques-uns, filtrez-la dans une passoire fine pour les éliminer. »

omelette aux confitures

Ici, la confiture est arrosée d'eau-de-vie, ce qui n'est pas sans évoquer celle dite du « vieux garçon », dans laquelle on ajoutait l'eau-de-vie correspondant aux fruits pour en réveiller le parfum avant de la mettre en pots.

POUR 4 PERSONNES
PRÉPARATION 5 MIN
CUISSON ENVIRON 5 MIN

- 7 œufs
- 100 g de confiture au choix
- 1 cuil. à café de sucre semoule
- 1 cuil. à soupe de sucre glace
- 50 g de beurre
- 2 cuil. à soupe d'eau-de-vie au choix
- 1 petite pincée de sel

Arrosez la confiture d'eau-de-vie, mélangez. Cassez les œufs dans un saladier, battez-les quelques secondes à la fourchette avec le sucre semoule et le sel.

Faites chauffer le beurre dans une poêle. Dès qu'il est mousseux, jetez-y les œufs et laissez cuire jusqu'à ce que l'intérieur de l'omelette commence à prendre : en surface, cette dernière doit être moelleuse et non baveuse.

Étalez alors la confiture, repliez l'omelette, saupoudrez de sucre glace et servez aussitôt.

« Variez les parfums selon les fruits : pensez au kirsch pour une confiture de cerises, au vin rouge si vous la choisissez aux fraises, au Grand Marnier si elle est à l'orange, à l'eau-de-vie de poire si elle est à la poire... »

caillade

La « caillade » tire son nom du lait caillé de vache et du fromage de même nom d'origine limousine, parfois affiné dans le foin nouveau. Le fromage blanc est utilisé ici pour son moelleux.

POUR 4 PERSONNES PRÉPARATION 10 MIN CUISSON ENVIRON 45 MIN

200 g de fromage blanc (type faisselle, mais non salé) ≈ 4 œufs ≈ 200 g de farine ≈ 200 g de sucre semoule ≈ 2 bonnes cuil. à soupe de crème fraîche ≈ 15 cl de lait ≈ 1 cuil. à soupe de beurre ≈ 1/2 sachet de levure chimique

Préchauffez le four à 150 °C (th. 5).

Fouettez les œufs avec le sucre semoule jusqu'à ce que le mélange soit bien homogène, incorporez la farine mélangée avec la levure chimique, puis ajoutez le lait, la crème fraîche et le fromage blanc tamisé dans une passoire fine. Mélangez intimement.

Beurrez généreusement un moule à génoise, versez-y la pâte, glissez au four et faites cuire environ 45 min. Sortez du four.

Servez la caillade tiède, telle quelle ou accompagnée d'un coulis de fruits rouges.

« On peut aussi inclure un morceau de sucre frotté sur une écorce de citron vert, que l'on écrase après l'avoir humecté d'eau. Le citron vert se marie très bien avec le fromage blanc. »

proportions

Dans la plupart des recettes, les proportions sont données non pas en grammes, mais en cuillerées, par souci de commodité. Pour mémoire, voici quelques indications d'équivalences (poid moyen/cuillerée) qui vous feront gagner un temps précieux.

Pour des cuillerées rases

Beurre - cuil. à café : 4 g ; cuil. à soupe : 12 g

Eau - cuil. à café : 5 g ; cuil. à soupe : 18 g

Farine - cuil. à café : 5 g ; cuil. à soupe : 15 g

Huile - cuil. à café : 5 g ; cuil. à soupe : 16 g

Miel - cuil. à café : 5 g ; cuil. à soupe : 18 g

Sel - cuil. à café : 5 g ; cuil. à soupe : 15 g

Sucre - cuil. à café : 5 g ; cuil. à soupe : 15 g

Pour des cuillerées débordantes

Beurre - cuil. à café : 9 g ; cuil. à soupe : 22 g

Sel - cuil. à café : 9 g ; cuil. à soupe : 25 g

Sucre - cuil. à café : 9 g ; cuil. à soupe : 25 g

Dans ce livre, les cuillerées sont toujours données « débordantes » ; lorsqu'elles sont rases, c'est spécifié. Cela ne vaut pas, cependant, pour les desserts, à quelques exceptions près. La pâtisserie exige souvent plus d'exactitude, les poids de beurre, de farine, etc. étant supérieurs à ceux utilisés en cuisine. Sur 1 cuillerée à soupe de beurre « débordante », l'écart de poids ne peut excéder 4 g ; mais sur 10 cuillerées, l'écart devient considérable. Il convient donc de peser tous les ingrédients.

La plupart des plats paysans sont excellents, voire meilleurs, réchauffés ou encore froids comme la daube, les farçous.

Les quantités d'huile et de vinaigre ne sont pas systématiquement indiquées pour la vinaigrette ; retenez qu'en moyenne on compte 1 cuillerée à soupe de vinaigre de vin pour 3 cuillerées à soupe d'huile. Mais ce dosage varie selon la qualité du vinaigre et le goût de chacun. Lorsque vous aurez trouvé le rapport qui vous convient le mieux, préparez une vinaigrette d'importance (25 cl ou 50 cl), versez-la dans une bouteille et stockez-la au réfrigérateur. Secouez ensuite énergiquement la vinaigrette avant chaque emploi.

temps de cuisson

Les temps de cuisson ne sont donnés qu'à titre indicatif ; selon la qualité du produit, sa fraîcheur, sa taille, mais aussi la puissance de chauffe et les ustensiles employés, ils peuvent connaître des variations. Il importe donc de vérifier régulièrement le degré de cuisson. À titre indicatif, en voici quelques-uns.

VIANDES

Pour les viandes rouges, il est conseillé de réduire le temps de cuisson d'environ 5 min, puis d'envelopper la pièce dans une feuille de papier d'aluminium, environ 15 min, le temps que les chairs se détendent.

AGNEAU
Carré (1,2 kg) : environ 25 min à 240 °C (th. 8)
Épaule (1,7 kg) : environ 45 min à 240 °C (th. 8) jusqu'à mi-cuisson, puis à 210 °C (th. 7)
Gigot (1,6 kg) : environ 1 h à 240 °C (th. 8) jusqu'à mi-cuisson, puis à 210 °C (th. 7)

BŒUF : **Rôti** (1 kg) : environ 25 min à 240 °C (th. 8)

PORC
Rôti (1,2 kg) : environ 1 h 30 à 210 °C (th. 7)
Palette (1,5 kg) : environ 1 h 30 à 210 °C (th. 7)
Jambonneau (1,5 kg) : environ 2 h à 210 °C (th. 7)

VEAU
Carré (1,2 kg) : environ 1 h 30 à 210 °C (th. 7)
Jarret : environ 2 h à 210 °C (th. 7)

VOLAILLES

Canard/poulet : 1 h 30 à 240 °C (th. 8) puis à 210 °C (th. 7) 10 min après la mise au four
Oie : environ 2 h 30 à 240 °C (th. 8)
Dinde : environ 2 h 30 à 240 °C (th. 8) puis à 210 °C (th. 7) à mi-cuisson

GIBIER

Cailles, perdrix, faisan, pigeon : environ 45 min de cuisson à 210 °C (th. 7)

LÉGUMES

Court-bouillon : 20 min, pas plus, sans ébullition, mais à frémissements

Artichauts : de 30 à 35 min
Asperges : de 12 à 18 min, selon leur grosseur
Bettes : environ 15 min
Carottes : environ 45 min
Choux de Bruxelles : environ 15 min
Chou-fleur (sommités) : environ 15 min
Chou vert ou rouge (taillé en lanières) : environ 10 min
Épinards : environ 5 min
Haricots blancs frais : environ 40 min
Haricots verts : de 10 à 15 min, selon leur grosseur
Petits pois : environ 15 min
Poireaux : environ 35 min
Pommes de terre : environ 25 min
Potiron (en morceaux) : environ 15 min
Salsifis : environ 35 min

LÉGUMES SECS

Fèves : environ 2 h
Haricots blancs : environ 1 h
Lentilles : environ 1 h
Pois cassés : environ 2 h

index alphabétique des recettes

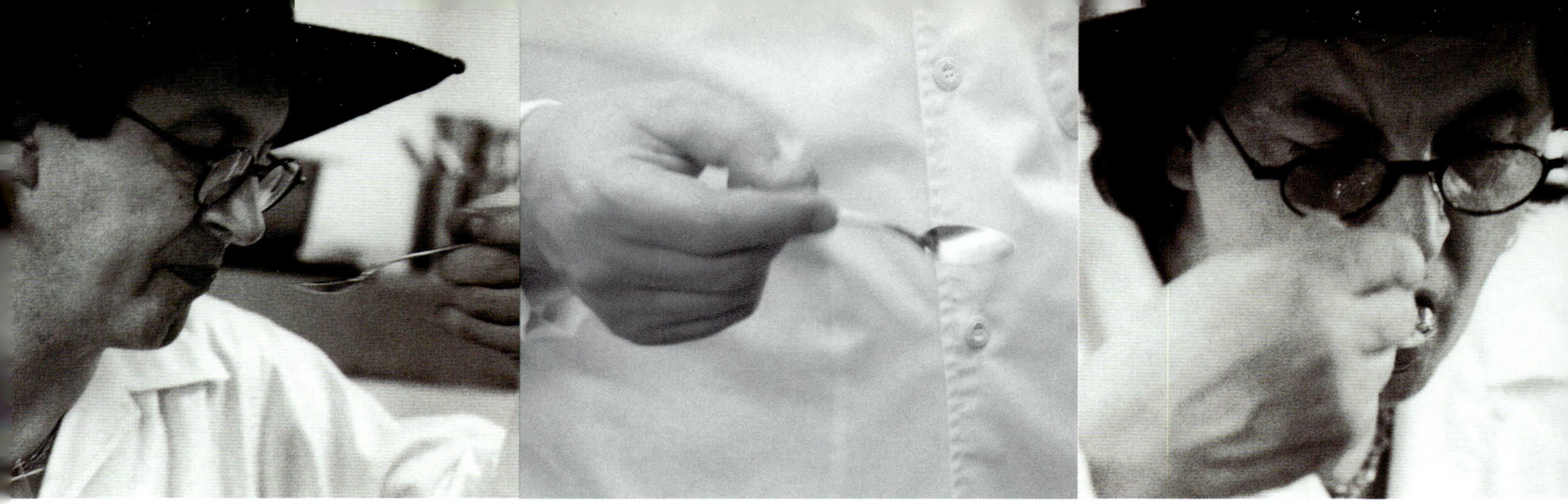

table des recettes

Les recettes du présent ouvrage sont extraites du titre *La cuisine paysanne* de Marc Veyrat et Gérard Gilbert, paru en 1999 aux éditions Hachette Pratique.

remerciements

Gérard Gilbert remercie Bernard Andrieux, Alain Béchis, Jean-Pierre Billoux, Pierre Carrier, Jean-Claude Dray et Jean Ducloux pour leur précieuse collaboration.
Jean-Blaise Hall remercie son assistante Alexandra Julien.
Valérie Lhomme remercie chaleureusement Christiane Perrochon, Jeanine Cros, ainsi que les boutiques Kim et Garo, CFOC, Blanc d'Ivoire, Conran Shop, la Maison Bachelier, Michel Morin et Le Creuset pour leur fidèle et charmante collaboration.

Responsable éditoriale : Brigitte Éveno
Suivi éditorial : Alexandra Bentz
Secrétariat d'édition : Sylvie Gauthier
Coordination rédactionnelle : Gérard Guicheteau
Direction artistique : Christophe et Guylaine Moi
Réalisation : G&C Moi
Fabrication : Caroline Artémon
L'éditeur remercie Carole Vernis pour son aide précieuse.

Photogravure : Penez Éditions, à Lille
Impression : Editoriale Lloyd, en Italie
23-6731-6/01
ISBN : 2-012-36731-3